U0932747

全能讲师①

5步完美课堂呈现

刘明源　刘子熙◎著

图书在版编目（CIP）数据

全能讲师.①，5步完美课堂呈现 / 刘明源，刘子熙著. -- 北京：企业管理出版社，2024.5

ISBN 978-7-5164-2963-1

Ⅰ.①全… Ⅱ.①刘… ②刘… Ⅲ.①企业管理 Ⅳ.①F272

中国国家版本馆CIP数据核字（2023）第189502号

书　　名：全能讲师①：5步完美课堂呈现
书　　号：ISBN 978-7-5164-2963-1
作　　者：刘明源　刘子熙
责任编辑：张　羿　赵　琳
出版发行：企业管理出版社
经　　销：新华书店
地　　址：北京市海淀区紫竹院南路17号　**邮编**：100048
网　　址：http://www.emph.cn　**电子信箱**：2472217548@qq.com
电　　话：编辑部（010）68456991　发行部（010）68701816
印　　刷：河北宝昌佳彩印刷有限公司
版　　次：2024年5月第1版
印　　次：2024年5月第1次印刷
开　　本：710mm × 1000mm　1/16
印　　张：18
字　　数：245千字
定　　价：68.00元

精彩推荐

近年来，越来越多的企业开始重视知识、技能与经验的传承。企业自身萃取出宝贵的知识、技能与经验，然后在企业内传承，能有效推动员工的进步、成长，进而带动绩效的改善或效益的提升。因此，很多优秀的企业纷纷组建自己的内部培训师（以下简称内训师）团队，为企业的发展赋能。某种程度而言，内训师的实力直接决定着为组织赋能价值的高低，所以，对内训师的赋能就成为对组织赋能的核心与关键。为了更好地赋能组织、帮助内训师成长，内训师培养专家刘明源老师以多年的理论研究、实践活动为基础并结合众多优秀企业或其他类型的优秀组织的 TTT 项目经验，耗时几年打磨成一部呕心沥血之作，并且以《全能讲师①：5 步完美课堂呈现》为书名付诸出版。

作为国内资深的专业培训机构，我们公司与刘明源老师深度合作已达 5 年之久。他对企业培训行业，尤其是对自己专注的 TTT 内训师领域的热爱，溢于言表。刘老师勇于探索、创新思维，为了获得客户满意的效果，始终保持饱满的工作热情且付出加倍的努力，其师德操守获得了广大企业客户与学员的高度赞扬。

参加过刘明源老师课程的学员对他诙谐、幽默、接地气的授课风格印象深刻，尤其是他能让学员听明白、记得住。刘老师借助大量自己亲身经历的真实案例并通过打比方、举例子的方式举一反三、深入浅出地讲解、剖析知识点，培训授课效果受到学员的一致好评。在本书中，刘老师虽以文字方式与大家交流，但依旧延续授课的风格，而且语感口诀巧妙地融入各章节的知识点并以归纳、总结的方式呈现，让 TTT 的学习事半功倍。因此，我们深信本书的问世一定能为久困于内训师成长瓶颈的企业打开一扇窗，为各行各业里期望获得教学技能、课程设计等方面提升的内训师学员有效助力；同时，我们坚信本书的出版也是企业培训领域高质量知识结晶的分享盛宴，会为企业培训未来的发展贡献重要的力量。

最后，祝愿刘明源老师的《全能讲师①：5 步完美课堂呈现》获得巨大成功！

——上海百仕瑞企业管理顾问有限公司、百仕瑞集团总经理　管锐

一名培训师从会讲一堂课到讲好一堂课，需要很长的时间摸索、实践，这中间还需要不断地反思、复盘并迭代，更重要的是离不开名师的指导。刘明源老师的《全能讲师①：5 步完美课堂呈现》可以帮助培训师缩短成长为卓越培训师的时间，书中呈现了大量的观点、方法、工具……拿来就可以实践，好看、好学、好记、好用。对想从事培训事业的同仁而言，这是一部值得深读、深学的著作！

——北京博远嘉信电力科技有限公司联合创始人、董事、副总经理　张军英

对于许多处于混沌期的职场人士而言，培训师如同自驾时的实时导航、闲暇时的智能手机——不可或缺。因此，近些年来，很多职场“大拿”、业界“大咖”、身怀绝技者纷纷投入培训师的圈子，这就给了受训企业更多的选择。但是，对于培训机构而言，这种情形也在一定程度上增加了更多甄别的工作，因为“知道”到“做到”需要转化、催化、固化。所以，“实用的才是更好的”。

诙谐、幽默、接地气，语感口诀、打比方、举例子，效果好、返聘率高，这些溢美之词在刘明源老师的课程评估中高频出现，我们公司自 2017 年与刘老师合作以来，几乎每每如此。

刘明源老师将多年的授课经验结晶于《全能讲师①：5 步完美课堂呈现》，老学员可以温故而知新，尚没有学习过刘老师课程的新学员更能先睹为快。所以，爱学习的读者朋友们赶紧行动起来吧，同时更加期

待大家走进刘老师的课堂共同感受不一样的“全能场域”。

——上海肯耐珂萨人力资源科技股份有限公司副总裁　王丽娜

2010年，初识刘明源老师。那时候，我们正好有个课程需求找到了他，他的在线访谈非常有说服力，既把课程框架逻辑表述得很清晰，又娓娓道来课程细节，我们的客户由此快速选定刘老师上课，而且课程效果出乎意料的好！从此，我们就认定了刘老师是一位可以长期合作的讲师。多年合作以来，发现刘老师非常敬业，他会把每一次交付都当作第一次一样认真对待。刘老师是一位让人安心、放心、贴心的老师，相信《全能讲师①：5步完美课堂呈现》也会贴心地陪伴读者朋友们事业有成。

——上海睿优企业管理咨询有限公司总经理　梅静

与其要推荐《全能讲师①：5步完美课堂呈现》这本书，不如先推荐刘明源老师这个人。知道刘老师的名字，大概是10多年前的事情。那时候，他月均授课15天以上，已经名满“江湖”。10多年过去了，刘老师指导的弟子已然桃李满天下，尤其是历届“我是好讲师”竞赛届届都有他的弟子脱颖而出、屡创佳绩。这份坚守，让人钦佩；这份执着，让人信服。如今，刘老师二十年磨一剑，将自己在课堂呈现方面的心得、感悟、实践总结成这一本书，可见本书的“干货”有多干、内容指导性有多强。尽管市面上讲授课堂呈现的图书非常多，我依然推荐大家好好阅读刘老师的《全能讲师①：5步完美课堂呈现》，原因在于：首先，当今的企业对讲师培训的要求越来越高，指导方式、方法需要符合当下的要求，甚至要达到商业讲师的标准，这本书对这一点贯彻到位；其次，刘老师的指导秘法通俗易懂、朗朗上口；最后，知其然还要知其所以然，刘老师在本书中既讲“术”“法”，还讲“道”、理，足见其功力深厚。

人类文明发展到现在，知识的积累虽浩如烟海，但也把我们推入了信息的深渊而让人无所适从。所以，在今天，我们更需要有慧眼寻觅到高价值的知识来快速学习，向高人、名师“偷时间”无疑是快速提升自己的有效方式。那么，向刘明源老师学习、阅读他的图书无疑是最明智的选择之一。

课堂呈现是内训师培养过程中既重要又必要的一个环节，但其他环节也必不可少，相信在不久的将来，刘明源老师还有课程开发、经验萃取等一系列图书出版上市，敬请期待！

——江苏云学堂网络科技有限公司学习顾问总监　周辉

亲爱的读者朋友们，今天，我想向大家推荐一本图书，书名叫《全能讲师①：5 步完美课堂呈现》。之所以能如此有信心且坚定地给大家推荐，有以下两个原因。第一，该书的作者之一刘明源老师与我认识有 3 年多的时间，我参与过他的授课，他在该领域的专业度确实很让人信服。第二，我们公司与刘明源老师合作已有 3 年时间，期间，参与培训的学员近百人，学员培训后都说受益匪浅。

在这里，我要特别给大家推荐的是这本书中最让我印象深刻的语感口诀，刘明源老师以语感口诀的形式总结知识点，更方便大家学习、应用。总而言之，这本书的内容深入浅出，非常有趣。

刘明源老师在培训领域深耕细作十几年，能够将实践经验总结成书，很是宝贵，期待刘明源老师的图书早日出版、上市。

——上海德邦物流有限公司高级培训师　贝艳玲

“奇瑞”作为自主汽车品牌，不仅制造了符合国人需求的交通工具，更是培养出一批又一批的优秀卓著人才，刘明源老师便是其中一位。刘老师是我的前同事，也是当年我们的企业大学——奇瑞大学的风云人物，他不仅带、教了几十名优秀的培训工作者，更助力许多分（子）公司走上内部培训规范化之路。之后，带着对更高专业的追求，刘老师选择成为职业培训师。但是，刘老师一直和奇瑞保持着良好的沟通和良性的合作关系。自 2013 年起，刘老师陆陆续续为奇瑞系统的数百名专（兼）职培训师赋能。

老师没有不好，只有不同，适合的才是最好的。无论是外部商业讲师，还是内部专（兼）职培训师，我们始终认为培训的内容要服务于企业的需求、培训的方式要贴合企业的场景、培训的效果要体现企业绩效的改善，这些是基石、是根本，更是培训师的使命与担当。难能可贵的是：刘明源老师的课程不是简单地照搬照抄、复制粘贴，而是结合具体的应用场景和学员的需求，有针对性的设计、开发和呈现。

得知刘明源老师职业生涯首部专著《全能讲师①：5 步完美课堂呈现》即将出版，深感欣慰，相信更多的人会因为这本书而受益。对于汽车行业和其他行业的培训师而言，这本书是职业导航明灯、是专业辞典，更是职业生涯跨行转业的风向标。这本书中，从课程开场到收场的完美闭环，从理性到感性的生动演绎，从技术到原理的深度揭示，可谓环环相扣、头头是道、句句在理，无论新手"小白"还是职场"大牛"都能各取所需。大家不仅能学习刘老师 20 多年工作沉淀的技能方法，更能学习刘老师的成长经历和宝贵经验，为自己的培训师成长之路擘画未来。

——奇瑞汽车股份有限公司人力资源部副部长、
奇瑞控股集团奇瑞大学校长助理　毕全国

打造赢在组织的能力，俨然已经成为数字化时代企业长期制胜的关键法宝。这个过程中，"外引内生"是不二路径。"外引"主要是引人、引智，招募优秀的专业人才，借鉴和吸收优秀的经验和思路等；"内生"则要企业通过内部员工的培训和能力提升，不断完善、提高自身组织的能力，推动企业的快速增长和长期发展。组织内生能力的建设，内训师队伍水平至关重要。在我们公司的培训师队伍打造过程中，刘明源老师伴随成长，诸多知识渊博、富有经验但表达能力欠缺的同事，通过刘老师的专业赋能，一步步成长为全能讲师，完成职业生涯优美的第二曲线。

现在，非常高兴看到刘明源老师的首部著作《全能讲师①：5 步完美课堂呈现》的出版。刘老师的这部著作，是对其自身 10 多年一线教学经验的沉淀，是非常有实战价值的著作。我相信这本书一定会给每一位立志成为优秀讲师的读者朋友指明方向和路径，会为希望打造一支卓越内训师队伍的企业带来极大的启发和有价值的新颖思路，也一定会推动、提升国内职业讲师整体专业化水平和创新能力再上一个新台阶。

——浙江哈尔斯真空器皿股份有限公司 HRD、商学院院长　沈康

初识刘明源老师时是 2014 年的秋天。机缘巧合之下，我们有幸邀请刘老师走入雅迪集团，帮助雅迪集团的讲师团队赋能。两天一晚的课程，至今让我印象深刻。诙谐、幽默、接地气是刘老师极具特色的授课风格，高度提炼、反复演练、注重实践是刘老师助力课程落地的几大特色。刘老师曾经在我们的课程中多次提到——“学员是坐着的老师，老师是站着的学员”，这句话对我后期从事培训工作影响颇深。

为打造愿讲课、会讲课、讲好课的专业讲师队伍，2023 年，我们再次邀请刘明源老师进行“五步玩转课程呈现”的培训课程教学。“五步玩转课程呈现”的培训课程以职业道德为精神内核，以角色体验贯穿始终，以目标为靶向，以问题为导向，通过刘老师“讲、练、演、评”相结合的特色培训模式，让学员在集中授课中强实践、在角色体验中铸品格、在小组“磨”课中精细节、在实战演练中练“功夫”。两天一晚的课程获得大家一致的“点赞”、好评。

当获悉刘明源老师要将自己 10 多年一线教学经验的沉淀整理、汇编成图书《全能讲师①：5 步完美课堂呈现》时，我心中充满了钦佩和期待，这么好的课程和经验加持，又有“干货式”分享，成为全能讲师又有何难？真诚希望这本书可以早日与大家见面，也希望大家都能从刘

老师的课程和图书里汲取到自己所需的人生能量。祝福!

——雅迪科技集团有限公司人资行政中心高级部长　孙菲

业优于培，业专于训，培训赋能的宗旨是以企业发展要求和员工职业发展为中心。作为企业培训管理者，我与刘明源老师多次合作企业内训师项目，深刻感受到刘老师深厚“内功”散发出的魅力，以及他作为职业讲师具备的优秀素质。由刘老师结合多年实战教学经验，经过潜心研究、设计、编写而成的图书《全能讲师①：5 步完美课堂呈现》，以提升讲师个人授课能力为终极目标,运用“讲师 5 步”去践行讲师的职责，以实战、实效、实用为原则，融入心理学、管理学、教育学、表演学等诸多学科知识及学习技巧，尤其适合企业团购此书作为培训教材，以此来活跃课堂气氛、改善培训效果，进而为企业输送更多的人才。该书内容实用性强，选例精当，训练方法科学，语言生动有趣，推荐大家阅读学习。

——一汽解放汽车有限公司人力资源部培训室主任　包政

序言

“活”出完美

写下这篇文章时，记忆的闸门一下子打开了。记得那是2005年，在合肥的一次TTT公开课上，明源带领他的内训师团队走进了我的课堂，随着课后的深入交流，拉开了我们师徒情谊的大幕。2013年，明源转型做商业培训师，重新回炉再造并拜我为师，渐次成为授权导师、授权认证导师（可以开资格证书班）、授权传承导师（可以再授权带弟子）。直至今日，明源已经成为小有名气且有独到创见的TTT导师。

明源属于我早期的授权弟子，彼时，导师队伍人数不多，我便有了相对充裕的时间教导其并与之探讨、交流，算是手把手带出来的亲传弟子。

我们“刘（子熙）派TTT”在业界可谓独树一帜，有独特的话语体系，有环环相扣的知识体系，有同中不同的课程体系，明源参与了“TTT话语体系（394句）”的整理，并且通过自身的努力逐渐了掌握其中的奥妙与精髓，对于语感口诀、变讲为问、话锋一转、亲身经历等有大量的、丰富的课堂实践，把课程做到了活学活用、效果活化。

明源作为TTT授权传承导师，不仅仅传承版权课程的精髓，更能基于自己的教学实践，不断推陈出新，创造性地提出了全能讲师的培养模式，多次企业乃至行业性的辅导课程好评如潮、诸多内训师大赛取得的佳绩，足以印证其培训效果。

《全能讲师①：5步完美课堂呈现》这本书是明源在TTT授权课程基础上的精彩演绎和实践，整本书通俗易懂、一目了然，既有“道”

“法”“术”“器”，又有大量的语感口诀，并且配置了丰富的课堂案例，具有很强的代入感。相信这本书一定会为各位内训师（培训师）及培训爱好者提供所需的培训实操技巧与落地的思路、逻辑、方法。

翻开本书，读者朋友您的完美课堂呈现就要起航了！要成就完美，一个“活”字值得深思、务须践行！在此，我有几点心得与大家分享。

①觅“活”。培训师（内训师）在企业内部培训（以下简称内训）中要以问题为线索，主动找“茬”、对标找差，发挥工匠精神，一丝不苟，精益求精；在结合工作实际的各种课程中练就一手好活儿，走出一条属于自己的“活路”。

②搞“活”。培训师（内训师）在课程设计及课堂呈现时,要推陈出新、活学活用，发扬创新精神，创新做法、“刷新”说法，切实跟进和深化训练效果，避免盲目追随，切记不要抄袭，要形成自己的独有价值，不做另一个谁，要成就唯一的我。

③出“活”。培训师也好，内训师也好，要把每一次训练都当作是第一次，每一堂课都要高度重视，要追求实效、创造价值，要充分运用本书中阐述的各种方法、技巧，让课程“活”出精彩，达至教学相长的全新境界。

④全“活”。培训师（内训师）在完美呈现每一堂课的同时，要不忘初心、砥砺前行，规划自己的职业发展。大家要力争成为明师、打造名课，“活”成经典，要成为行业及企业训练中的全能讲师。

卓越是方向，成就在路上，让我们共勉。

刘子熙

2024 年 2 月

前言

阅读指南

为什么写这本书

每个人的生命中都有一些特别值得铭记的瞬间，对我而言，则有6个时间点已深深刻进心中。

2005年，我所在的企业有内训师培养的需求，机缘巧合之下结识了刘子熙老师。尽管我此前已经讲授过几十场TTT课程，还是被刘老师的课程深深震撼了。随着学习的深入，我也逐渐厘清了自己的职业方向和课程体系。

2013年，我告别了10多年作息相对有规律的企业职场，从此踏上了“飞来飞去”的独立讲师之路，从企业内训师转变为商业培训师，我选择坚守自己的老本行TTT作为立足之本，郑重其事地拜在刘子熙老师门下，成为其亲传弟子。有了师父谆谆教诲的加持，这一年，我从容地实现了“企业职场人”到商业培训师身份的转变。

2018年，经过5年的摸爬滚打，我在原先师父授权的TTT课程“TTT国际职业培训师标准教程”的基础上，融入自己的大量实践心得与感悟，课程的效果越来越好。但是，由于课时和行程等主、客观因素，经常出现学员培训后意犹未尽的情形。于是，我萌发了写一部内容详尽的图书给学员“加餐”的念头并于当年完成了大约8万字的初稿。

2020年，这一年对于绝大多数“培训人”来讲都是始料未及的，培训工作就此停摆，这反倒给了我沉淀的机会，复盘转型 7 年来的培训经历，尤其是不断复盘 2015 年以来辅导各种行业内训师竞赛的经历，我首次提出了全能讲师的概念并界定了全能讲师的 6 个能力项（①经验萃取，②课程开发，③讲授技巧，④直播技巧，⑤讲评反馈，⑥竞赛辅导）。

2022 年，在居家的日子里再次审视全能讲师的培养模式，把全能讲师的 6 个能力项丰富到了 7 个关键能力项（①经验萃取，②课程开发，③讲授技巧，④直播技巧，⑤讲评反馈，⑥竞赛辅导，⑦引导技巧）。为了帮助更多的内训师朋友、做一件有益于培训行业的事情，我计划出版“全能讲师系列图书”，并且着手这个系列图书第一本书的书稿整理工作。这个系列图书的第一本书依托版权课程“五步完美课堂呈现”，在 2018 年 8 万字初稿的基础上，于 2022 年 10 月完成了全部创作初稿。

2023 年，在与出版社编辑老师反复、不断地深入沟通、探讨的过程中，在汲取了众多师友的美好建议、意见后，我五易初稿，《全能讲师①：5 步完美课堂呈现》这本书终于于当年年底定稿。

这本书写给谁看

TTT 属于公众表达类的工具课程，是万课之源。理论上，只要是张嘴说话的人都需要，基于我写作的初衷，我特别建议以下四大人群认真阅读本书并借由本书激发自己的“小宇宙”、成就自己的大事业。当然，这本书谁都可以读，是为读书即为有缘人。

①过往新、老学员。2013—2022 年，累计接受过我培训的学员超过 50000 人，我想对各位老学员说：“课程的内容已经更新、迭代了很多次，您是时候温故而知新了，与时俱进最简单的方式是阅读本书。”对于各位新学员，也请大家注意了：“由于课时有限，我在课堂上不可

能面面俱到，您如果想获取更多的学习内容，阅读本书是最佳途径。”

②企业专（兼）职内训师。或许您还是一名“小白”，正在为自己即将到来的第一场培训课程忙碌准备，忐忑于人生第一次给他人做培训是否能够取得成功，我想告诉您：大可不必。您想到的，您想不到的，这本书里都有，这本书已经为您准备了做一次培训所需的完整流程和“套路”，您可以“抄作业”啦。或许您已经是资深专家了，那么，相信您阅读本书后也会有收获，我在这本书里向大家揭秘了培训行为、培训“套路”、培训技术背后的“道”和底层逻辑，相信本书这块砖一定可以引出您的玉，您不仅可以提升理论高度，更能举一反三、深入浅出、触类旁通。

③职业培训师、商业讲师。作为“过来人”，我特别想说：“其实，最需要 TTT 的是职业培训师、商业讲师。学员已经受够了‘填鸭’、灌输、‘排排坐’，是时候换换‘口味’了。”

④培训经理、培训部门负责人。也许您不需要成为一名内训师，但您需要选择外部供应商、需要培养内训师，所以，阅读本书，对外，您就可以从专业的角度来评判外部师资的价值所在；对内，识辨谁是天赋异禀的培训奇才，本书亦可帮您练就火眼金睛。

这本书有何特色

十年磨一剑，从某种角度讲，这本书是我过往 10 多年职业培训师经历的浓缩。众所周知，“培训江湖”中能讲授 TTT 课程的师资数不胜数，如何做到同中不同、独占价值，我有自己的法宝。基于我 10 多年一线教学的实践，这本书具备以下三大特点。

内容全面，“术”“道”齐现。本书共有 5 章 20 节 72 个知识点，其中操作类的技巧是 200 多个、引导活动是 16 个，可谓面面俱到。从一次培训活动的开场到收场，从课前准备到课中实施，从内容讲授到互动引导，从实操技能到背后原理的逐一详述……本书应有尽有。本书是一部典型的工具书，是一本随查随用的“口袋书”，是一部写给内训师（培训师）的培训辞典。

②语感口诀，直白易记。本书共有 100 多句语感口诀，这是“刘（子熙）派 TTT”（包括 TTT、SCD、PAF 等版权课程）的精华与精髓所在，巧妙地融入各个章节之中。前有感性资源演绎，后有语感口诀收结，归根结底，目的就是帮助读者朋友们理解、记住图书的内容，从而把“讲清楚、听明白、记得住、做得到”的有效训练“十二字箴言”变为现实。

③案例丰富，通俗易懂。读书有时候是件挺枯燥的事情，没有老师线下授课的互动参与，更没有共同学习的场景加持，最主要的是有些特别枯燥、专业的知识让人读来昏昏欲睡。鉴于此，我在本书中融入 200 多个场景案例，帮助读者朋友们营造画面感、现场感和对话感。蒙师父刘子熙抬爱，对这 200 多个场景案例润色、加工，逐一提炼话语概念，让复杂内容简单化、专业内容通俗化。不夸张地说，即便不看本书中的“干货”——知识点，阅读这些场景案例也是一种精神享受。

感恩与致谢

首先，我要感谢所有的过往受训学员、受训企业和合作过的培训机构，没有大家给予的机会，或许我不会在这个魔幻般的讲台站到今天，更谈不上积累丰富的案例、迸发深度的感悟。感谢大家！感谢您的选择！感谢您的认可！感谢您的包容！

其次，我要特别感谢出版社的编辑老师们。一本书从构思到出版，真没有大家想得那么简单，过程的复杂程度不亚于十月怀胎分娩，大家辛苦啦！感谢编辑老师们的逐字逐句“抠”细节！感谢编辑老师们对书稿的再三润色、再三加工！感谢编辑老师们为本书完美出版提供的智慧支持、付出的辛勤汗水！感谢您！

最后，我要感谢我的父母、爱人、孩子和我的导师团队，是你们默默地支持与付出才成就了今天的我，我才会有今日的沉淀与收获，感谢你们！

最后的最后，我要特别感谢我的职业指路人——师父刘子熙，我将谨记“莫道是空门，要进来需脚踏实地；谨防有岔路，走错了便坠入深坑”，并且会不遗余力地传承“刘（子熙）派 TTT”的精髓，帮助更多的人成为自己想成为的人，感谢您！

谨以本书献给所有的“培训人”，因为有你们，学员才会人尽其才、才尽其用。卓越是方向，成就在路上，让我们相伴、成长、一起“飞”！

刘明源

2024 年 2 月

目录

第一章

课程开场：先声夺人，不破不立

第二章

角色、形象：内修情绪，外修风范

第三章

魅力表达：理性升华，感性演绎

第一章

课程开场：先声夺人，不破不立

阅读、学习本章，您能解决以下几个问题。

①为什么培训开头难？如何做一个有效的培训开场？
②如何设计一个印象深刻又契合主题的自我介绍？
③分组团建的核心作用是什么，如何设计才能有新意？
④培训的根本目的是什么，内训师该如何践行？
⑤从站上讲台到走下讲台，内训师需要做哪些事情？
⑥专业技术类课程术语多、晦涩难懂，怎么讲？
⑦随堂板书有什么作用？如何设计超“赞”的板书？
⑧培训怎样做，才能既符合组织期待又满足学员的需求？

第一节　开场“破冰”

众所周知，举行一次培训活动，如果说有难度，最艰难的部分应该是开始，“万事开头难”“良好的开端是成功的一半”等哲理名言足以印证开始的“难”有多难。对于培训而言，开始难的原因是多方面的，最主要还是学员对老师的熟悉度、认可度不高，学员与学员之间也不熟悉，学员的上课状态尚未调整好，很多学员或许还带着迷茫、怀疑甚至是找茬的心态来参加培训。特别是对于企业内训师而言，这一点更是明显，比如有的员工刚刚下了夜班，匆匆忙忙赶来参加培训，或者是“临危受命”——由相关领导指派而来，难免会有些疲惫或带着情绪。这就要求内训师在培训刚开始就得用最短的时间来“破冰”。

培训课堂上的“冰”通常是指“与期望不一致的状态”，比如培训师期望学员积极讨论，可是学员却纹丝不动；培训师期望学员冷静思考，可是学员却吵吵嚷嚷，这些都是“冰”，包含过冷、过热两种状态。遇到“冰”怎么办？2013年的这则救援事件或许能给大家带来一些启发。

逢冰必破

2013年12月，我国“雪龙”号破冰船前往南极科考，结果受恶劣天气、能见度差等原因影响，不得不准备掉头返航。返回之际，“雪龙”号接到了俄罗斯“绍卡利斯基院士”号的求救信号，“绍卡利斯基院士”号已经被结结实实冻在了南极。于是，“雪龙”号再次折返回去救援“绍卡利斯基院士”号。然而，天气越来越恶劣，“雪龙”号差点也被困住。

央视《朝闻天下》的节目主播每到整点就和“雪龙”号船长连线：“船长，你好！你们那里情况如何？能否安全返回？”“雪龙”号船长回答：“还不行。能见度还是比较差，有利的风还没来。不过，好在‘雪龙’号的周边有一片开阔的水域，我们每隔一段时间就来回开动一下。”

…………

请问各位读者朋友，“雪龙”号为什么每隔一段时间就要来回开动一次呢？原因是：只有开动起来才不至于被冻住，所以说，“逢冰必破，一动就破”。同理，培训课堂上遇到“冰”也要破，要想破就必须让学员动起来。当然，只有先“心动”才能后行动。那么，如何才能让学员先“心动”起来呢？我们先从成年人注意力的两个特点说起。

一、“两特点”

成年人注意力有两大特点，即波动性和局限性，让成年人长久关注某一个点很难。其实，人从孩子时期就这样了，大家不妨回想一下自己家的孩子，每当买一件新的玩具，即使是他（她）最最最喜欢的，他（她）能连续玩多久？我想，3 天应该是极大值了吧。所以，让一个有社会经验的成年人一直听培训师滔滔不绝地讲授，好像也是一件很难的事情。其实，不是大家不想听，是习惯使然。因此，我在培训课堂上经常讲：我们一定要做“培训师”，不要做纯“讲师”。“讲师”依赖滔滔不绝、精彩纷呈的内容赢得学员的认可，“培训师”依靠的是课堂中妙趣横生的讲述、不断地旁征博引乃至感同身受的师生互动等编、导、演“功夫”来“征服”学员。我们在课堂上不仅要讲，还得“演”，要成为故事大王、游戏高手，多方位、全角度调动学员参与到课程中来，激发大家的兴趣。

（一）波动性

1. 特点

拿一块机械腕表在耳边听秒针摆动的声音，你会发现前一段时间声音清晰可闻，过一会儿声音变弱，甚至听不见，难道机械腕表还有这样神奇的功能吗？非也，主要原因是听者的注意力分散了，这就是注意力波动性特点的典型例子。同样地，我们在生活或工作中也常有发呆走神的经历，两眼呆呆地望向某处，看似很专注，实则大脑一片空白。这时，你若问对方“你刚刚在想什么”，对方会说“没有啊！我什么也没想”，这其实也是典型的注意力波动性表现。

2. 应对策略

应对注意力波动性这一特点，可以借鉴美国培训界先驱鲍勃·派克曾提出的一个经典理论，即“90-20-8”法则。鲍勃·派克认为，成年人能够保持认真听课并消化课程内容的时长为 90 分钟，注意力高度集中的状态只能维持 20 分钟，每 8 分钟就需要组织学员展开课堂讨论，调动他们的学习积极性、主动性。据此，培训师可以每 90 分钟安排一次休息，每次的休息时长可以设置为 10 ～ 15 分钟；每 20 分钟讲完一个话题，避免表述过长，拖拖拉拉，影响学员注意力的聚拢；每 8 分钟做一次有效的互动活动，要有意识地把适度、适量的互动活动植入教学活动中。

（二）局限性

1. 特点

“一心能不能二用”是我们在课堂上经常会讨论的、非常具有争议性的话题。真理越辩越明，有的学员认为“一心不能二用”，比如大多数人就不具备一手画圆一手画方的能力，即使你能画出来，可是与标准的圆和方差距甚远；有的学员则认为“一心可以二用”，比如一边开车一边听音乐，或者一边看电视一边嗑瓜子。不过，细想一下，两者的不同点就有了：后者虽是两件事情，但两件事情似乎相互影响不大，毕竟没有同时运用大脑的思维认知功能；前者则恰恰相反，必须得同时动脑筋，所以“一心不能二用”。之所以有这样的不同，主要还是源自于注意力的局限性特点。学员在上课时亦是如此，假设学员此时正在玩手机或发呆走神或与他人投入的交流，那么，他的耳朵还能听得进你在讲什么吗？显然不能。一次培训活动，如果培训师没有做有效的开场“破冰”就直奔主题讲授核心内容的话，大概率会出现鸡同鸭讲的情形，没“冰”会变有“冰”，薄“冰”会变厚“冰”。

2. 应对策略

从应对策略角度来讲，针对注意力局限性这一特点，就需要培训师在培训的开始阶段想方设法“抓取”学员的注意力，让他们积极参与进来，多一些互动、活动环节，同时利用感性资源生动演绎，让学员与课程内容和培训师及同学产生链接和共情，真正实现“心动”，有了“心动”，接着还得让他们“行动”起来，共同“破冰”。

二、“三板斧”

俗话说，“新官上任三板斧”。历经数十年上千场次的培训实践，我发现培训师也完全可以先抡“三板斧”（“问好”、握手、鼓掌）来“破冰”。实践证明，只要能让学员动起来，效果往往是肉眼可见的，真是妙不可言。

（一）“问好”

各位读者朋友千万别小看了“问好”的价值。对于一次内训师竞赛来说，开始的“问好”往往会成为你这次比赛成绩的起打分，毕竟评委的评判多多少少会有些主观色彩；对于一次培训课程而言，一个有价值的“问好”往往预示着一次成功培训的开始。那么，看似很简单的“问好”里面难道还有很多玄机吗？答案是“有的”。很多新手内训师从“问好”开始就让整个课程“丢盔弃甲”，更不用提培训效果了。

1. 停顿强调

请各位读者朋友回想一下当年上学参加军训时教官们常喊的口令及其喊口令时的状态，脑海中是不是会浮现出“立——定，向右看——齐，齐步——走”等各种鲜活的场景？还有，大家在城市里有时会听到一些特殊车辆呼啸而过的警报声音，比如“抓住抓住”——110 的声音，“呜啊呜啊”——120 的声音，大家会发现这些特殊车辆的警报声音往往都是一些个性鲜明、异样甚至是刺耳的声音，这种声音往往会吸引人们的注意力。类似的这种声音也有个特定的名称，叫作异声，这个技术就叫作“异声拢场”，“问好”自然也需要达到这种效果。所以，培训师在“问好”时，需要做到停顿强调，“大家——上午——好（音调上扬）”。

“异声拢场”

农村的基层领导在进行村民大会演讲时的开场很有特色，通常他们会“咳、咳、咳”地清清嗓子，村民们心知肚明，领导要开讲了。

乡镇企业开会，老领导坐在主席台上，轮到其发言时，大家注意到没有，通常都会端起面前的搪瓷杯子，喝上一口水，用力地下咽，盖上杯盖，举起右手在面前的话筒拍上几拍“咚、咚、咚”，然后说：“大家好，下面，我来讲几句啊！”

民间杂耍艺人开演之前先得“哐、哐、哐”敲上几声锣，然后说：“村民朋友们，我们的表演马上就要开始了。”

大家看看上面这些开场白是不是都是别具一格？这些其实都是利用异声来吸引大家注意力的具体表现。

2. 预先框定

当然，随着培训师一声慷慨激昂的异声“问好”，通常情况下，学员会给出回应，有的人点头微笑、有的人鼓掌叫好，只怕有的人不知所措，瞬间茫然。为了避免尴尬，我和大家分享一个特别实用的技术——预先框定。也就是说，作为培训师，你想要大家回应你什么，就要事先和学员做好约定。比如：当我向大家“问好”时，请大家回应我——“学得好、用得好、才是真的好”。这样一来，一个完美的“问好”就闭环实现了，也就是在这里凸显了培训师的“编剧功力”和“导演能力”。

（二）握手

“砍”完“三板斧”第一斧，显然“破冰”力度还不够，培训师还可以让学员通过握手的方式来认识老师和其他学员，熟悉了才更能放得开，避免过度拘谨出现“事不关己，高高挂起”的现象。握手，通常有两种使用方式。

1. 组内、组间握手

请学员在小组内部相互握手、自我介绍，从而让大家彼此认识。如果时间和场地允许，可以让学员与场内所有学员都握手、认识，进行深度的交流。此时，还可以配合使用一些引导活动，如“鸡尾酒会”、“姓名帐篷”、找相同等，用任务促动学员进行深度交流。关于开场环节常用的引导活动，我们将在下一节详述。

2. 学员搭档握手

在小组内部，让大家两两结成“对子”或“学习搭档”，通过握手的方式，让两人的搭档关系显得更加郑重其事。通常，可以用这样的语言辅助强化，“上下五千年，人口十四亿，你我能握手，缘分啊”。这样，既能达到开场“破冰”的效果，也会为接下来的内容展开奠定讨论和分享的基础，可谓一举两得。我曾在课堂上无数次的运用过互动握手的方式，事实证明，几乎每一次学员都在欢声笑语中认识了老师和同学，后续逐渐熟悉，很快融入了团队氛围之中，达到了事半功倍之效。

握手之所以有这么神奇的功效，据说是有很大的来头的。

握手的起源

说法一。战争期间，骑士们都穿盔甲，除两只眼睛外，全身都包裹在盔甲里，随时准备冲向敌人。如果表示友好，互相走近时就脱去右手的甲胄，伸出右手，表示没有武器，互相握手言好。后来，这种友好的表示方式流传到民间，就成了握手礼。当今，行握手礼也都是不戴手套，朋友或互不相识的人初识、再见时，先脱去手套才能施握手礼，以示对对方的尊重。

说法二。握手最早发生在人类刀耕火种的年代。在狩猎和战争时，人们手上经常拿着石块或棍棒等武器。遇见陌生人时，如果大家都无恶意，就要放下手中的东西，伸开手掌并让对方抚摸手掌心，表示手中没有藏武器。后来，这种习惯逐渐演变成今天的握手礼节。

总之，握手是向对方示好的表现，让学员与学员、老师与学员之间通过握手来拉近距离、建立关系、营造良好的教学氛围，是不错的开场设计，也是“破冰”的常规动作。

（三）鼓掌

说到了鼓掌，必然会发出声音，说到了声音，大家是不是想起来“异声拢场”了呢？对，这就是鼓掌的妙用。所以，课堂中的鼓掌除了肯定和激励学员外，最重要的以作用就是唤醒走神的学员，让他们再次“启动注意”。因此，在培训的一开始，培训师可以先通过问候学员的方式拉近与学员的距离，再运用“请大家给自己以热烈的掌声”的办法来调动学员的参与积极性。这样，既能达到“破冰”的目的，又能体现出对学员的尊重，为和学员建立良性的课堂关系做好前期铺垫，这就叫作“逢冰必破，一动就破”。

鼓掌的妙用

生活中或工作中，我们大概会有这样的经历：某次参加会议或培训，听着听着就走神了，正如前文所言，突然人群中爆发出雷鸣般的掌声，走神者瞬间为之一振，心想——“咦，发生什么事啦？为何大家都鼓掌啊？好像就我没鼓掌嘛！领导会不会看出来”，随后，不管三七二十一，先鼓掌再说……

大家看，鼓掌是不是可以唤醒那些走神的人？这就是鼓掌的妙用。所以，培训师小伙伴们，以后不妨在课堂上多来几次鼓掌吧。

上面就开场“破冰”中“三板斧”的每一“斧”分别做了详细的阐述，连贯起来使用，流程可以这样来设计，如下所述。

“三板斧”的典型流程

培训师走上讲台，不要急着说话，目光与学员保持交流，先“侦测”一下对方的火力（活力）指数如何。然后，开始说话。

培训师：“各位同学，我问候大家上午好，请各位统一回应我‘大家好，才是真的好’。”

接着，培训师就可以运用“异声拢场”的表达方式来“问好”了。

培训师：“大家上午好！有句话叫作‘老师是站着的学员，学员是坐着的老师’。接下来，请在座的各位老师伸出您热情的右手与前后左右及其他组的伙伴们握个手并说‘老师好，认识您很高兴，我是 ×××’。”

全员握手完毕后，培训师应马上进行下一个环节。

培训师：“来，请大家给自己以热烈的掌声，同时请大家就座。”

三、“五方法”

和学员建立关系，达到“破冰”的效果，培训师的自我介绍是不可缺少的必备环节。有效的自我介绍可以迅速拉近与学员的距离，建立良好的第一印象。培训师的自我介绍需要精心设计，通常与培训师的角色密切相关。自我介绍的方法可谓五花八门、样式繁多，正所谓“黑猫白猫，抓住老鼠就是好猫”，只要是能让学员记住并认同培训师的介绍方法，就是好方法。经过多次总结、反复应用，我推荐以下 5 种相对而言比较实用的自我介绍方法。

（一）汇报式

汇报式的自我介绍方法，也就是培训师把自己职业生涯中的亮点信息进行排序罗列，目的是为了印证培训师的自身价值并体现自己职业的高度和厚度，达到“同中不同，独占价值”的效果。下面，我以自己的介绍为例来阐述如何运用汇报式的自我介绍方法。

闪亮登场

大家好！我的基本情况如下所述。

① 21 年专注于组织内部人才培养 。

② “全能讲师” 8 门版权课程所有人。

③首批国家认证高级人力资源管理师。

④刘子熙职业训练发展研究院特约高级研究员。

⑤2015年度“我是好讲师”全国总决赛梦想导师。

⑥千聊“TTT导师刘明源的直播间”306节课程的作者。

⑦安徽师范大学MTA（旅游管理硕士）等6所高校特聘讲师。

⑧“IPTA TTT国际职业培训师标准教程”版权课程的授权传承导师。

⑨合纵连横企业管理咨询有限公司创始人、首席培训导师。

⑩电力、汽车、金融、公安等多个组织内部培训师长期训练导师。

⑪中国电力企业联合会培训师教学技能大赛连续3届一等奖辅导导师。

（二）阶段式

阶段式的自我介绍方法是指：培训师将自己的职业生涯以特定维度的方式分成若干个阶段，比如时间维度、工作单位维度、职务角色维度等，又叫作时间画轴。下面，我同样地以自己的介绍为例来阐述如何运用阶段式的自我介绍方法。

赋能成长

阶段一：2000年参加工作，主要从事人力资源管理和兼职培训师工作。

阶段二：2013年转型为独立讲师，主要讲授TTT授课技巧和课程开发。

阶段三：2017年授权传承，开设3期授权导师班，培养10多名优秀弟子。

阶段四：2022年提出全能讲师的培养模式，精心设计了7个能力项。

（三）互动式

互动式的自我介绍方法是指罗列出与自己相关的生活和工作中的信息，重点推荐关键信息筛选法。与上一种方法相比，这种方法更加实用、接地气，也是目前大部分培训师主流的介绍方法，好处很多。

①信息全面，所列事项可以随时变化且可以多方面选择相关信息，包含工作和生活两个维度。悄悄地说下：学员其实很愿意“八卦”一下培训师的私生活。

②低调婉约，相对于汇报式和阶段式的自我介绍，关键信息筛选法显得更加“低调、奢华、有内涵”，可以避免培训师过多地宣扬自己的过往业绩，以至让学员产生反感的情绪。

③营造互动，这是关键信息筛选法最为关键的作用。前面，我们探讨了很多“逢冰必破，一动就破”的必要性和方法论，这里的“动”不仅仅是手动、脚动、身体动，头动、脑动、思维意识动同样也是“动”。使用关键信息筛选法，自然也会让学员“动”起来，实现“一动就破”的效果。

关键信息筛选法在实际使用中，需要关注以下几点注意事项。

①条数多于组数，所列信息条数通常比受训学员的组数多一点。例如，学员为 4 组，信息可以为 5 条及以上，避免每组选一条，失去猜的味道，从技术本身和培训师的角度而言，往往猜不中更有趣。

②假信息只有一条，设置一条虚假信息让学员来猜测，增加趣味性、互动性，提升学员的关注度。不宜掺杂过多假信息，避免让学员觉得培训师太“假”了。

③假亦真时真亦假，把学员认为最真实的那条信息设置为虚假信息，利用障眼法引起学员的关注并调度起学员的参与性；反之，把学员认为假的那条信息设置为真信息，让剧情有更多的反转，凸显出“筛选”的价值。

下面，我以自己的信息为例，请各位读者朋友猜猜我罗列的信息中哪一条是虚假信息。

特立独行

①21 年培训经验，现有版权课程 8 门。

②培训过警察、“空姐”、火车司机和外籍人士。

③培训过的企业多数为 500 强企业、上市企业、央企。

④未去过青海、西藏和新疆。

⑤曾在 6 所高校短期任教。

⑥2020 年录制了 306 节音、视频课程。

⑦烟龄 16 年，已成功戒掉。

⑧家有儿女，兄妹相差 8 岁。

⑨10 多位授权导师，分属多个行业。

上面这样的自我介绍方法是不是很有趣、很好玩呢？鉴于我在课堂中经常使用这个方法及这些信息，此处就不公布答案了，欢迎有兴趣的读者朋友参加我的线下培训课程，届时答案自然会揭晓。

（四）比附式

作为培训师，无论用哪种方式进行自我介绍，目的无非是让学员记住自己。只是，让学员单纯地通过记培训师的名字而记住培训师，确实有难度，除非你的名字别具一格，如杜子腾、宓芳、郭里满满、王者荣耀、宋元明清。虽然培训师的名字没有那么好记忆，但我们可以通过与大家熟悉的人、事、物进行关联，从而让学员联想记忆，这就容易得多了，这就是比附式的自我介绍方法。

郑丽——丽郑

我早年在“礼仪培训师认证班”上课时，班上有位女性学员，对于她的容貌已经完全没有印象了，但她的自我介绍直到如今仍然让我记忆犹新。

“大家好，我叫郑丽，郑州的郑，美丽的丽，这名字乍一听没有什么特点，但您要是倒着读，那就不一样了，丽郑谐音立正。听到这个口令，让我们想起了英姿飒爽的军人。话说，军人的形象是高大的、英勇的，是最可爱的人，那么，军人有形象，咱们普通职场白领有没有形象呢？当然有的。我们说您的形象价值百万，今天就由我，名字听起来像立正的郑丽，与大家分享‘男士商务礼仪’这门课程……”

怎么样？上面例子中的自我介绍，既干净利落又一气呵成，既完美自我介绍又话锋一转（注：话锋一转是核心技术，后文会详述）导入主题。所以，至今令人难忘。后来，在一汽解放传动事业部的培训课上，也有一位小伙伴做了类似的分享，也让人忍俊不禁。

王岩——岩王

“大家好，我叫王岩，这名字乍一听没什么特点，但您要是倒着读就不一样了，我叫岩王（阎王）……”

（五）幽默式

顾名思义，幽默式的自我介绍方法就是培训师进行自我介绍时比较诙谐、幽默。通常，在一个大家相对熟悉的场景里，也就是说培训师和学员相对熟悉了，至少知道彼此的名字，那么，这种情况之下可以考虑幽默式里的出场诗方法。比如，有人就这么介绍自己。

亦庄亦谐

床前明月光，疑是地上霜。

举头望明月，我是郭德纲。

出场诗首创于元曲杂剧，该剧种许多角色首次出场时，常会自报身份和来历并由此说明角色个性或重要性，多为五言诗或七言诗等对仗的诗，即称为出场诗，又称为定场诗。

借鉴出场诗和郭德纲的自我介绍，我也为自己准备了一个幽默式的自我介绍。

我的自我介绍

众鸟高飞尽，孤云独去闲。

相看两不厌，只有刘明源。

作为培训师，建议大家也可以找一首意境相同且与名字最后一个字押韵的小诗来一个幽默式的自我介绍吧。

四、“六流程”

前面讲了这么多，究竟为何而讲？它的底层逻辑是什么？又如何将上述内容按部就班地呈现给大家呢？这就不得不提 TTT 讲授技术中非常重要的一个核心内容——课堂呈现“六脉神见”，这部分内容将会放在第三章专门详述，我们在这里先提纲挈领地简单概述一下。

如果我问大家，“培训师从站上讲台到走下讲台，需要做哪些事情”，大家如何回答呢？答案可能五花八门，也可能天马行空。我想说的是：培训师站上讲台，可能会做很多事情，但这 6 件事情通常不可或缺，我把它称之为“六脉神见”（即“六流程”），其中“见”通假“现”，寓意“呈现”。“六脉神见”分别为：①开场问候，好；②自我介绍，独；③导入主题，特；④核心内容，重；⑤总结回顾，要；⑥致谢结束，绝。

“六脉神见”的“好、独、特、重、要、绝”的每一个步骤流程都包含有大量的技术（见图 1–1），可以说是：技中技，连环技。急于揭开谜底的读者朋友也可以直接阅读、学习本书第三章相关的内容。“六脉神见”也正好印证了本书的叙述逻辑，所以，我们开篇就讲了开场“破冰”；所以，才有“设计出精彩，流程保基效”。

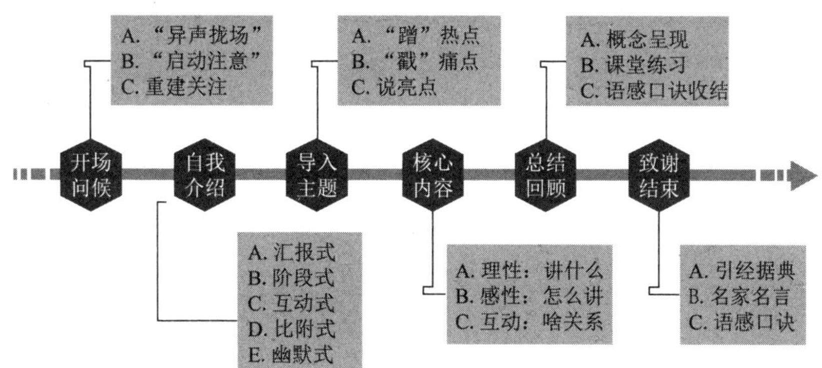

图 1-1 课程呈现“六脉神见”的流程

与本节相关的语感口诀如下所述。

> 技中技，连环技。
> “逢冰必破，一动就破”。
> “异声拢场”，“启动注意”。
> 同中不同，独占价值。
> 设计出精彩，流程保基效。

第二节　分组团建

说到了开场“破冰”，最行之有效的方式当然首选形形色色的团建活动了。相信很多培训师非常熟悉这一环节，那么，本书开篇为何不写分组团建呢？最重要的原因还是希望看到本书的培训师朋友们能有个“同中不同”的感觉吧，避免千篇一律。即使一上来就分组团建，也得告诉大家背后的原因所在，正所谓“知其然，更要知其所以然”。

不知道大家有没有发现，很多新手培训师，培训一开场二话不说，上来就分组团建，同时我们也发现很多时候学员并没有发自内心地配合培训师，只不过不想让彼此尴尬罢了。当然，很多情况下分组团建这项工作直接由培训师的助教给代劳了。所以，建议大家不要一开场就做团建，经过开场“破冰”、自我介绍之后再来做团建，会更加彰显它的价值，这也是我多年实践的心得。那么，为什么要进行分组团建呢？分组团建都干些什么？有没有一些高价值、超实用的分组团建方法呢？本节，我们就这个话题共同探讨一下。

一、主要作用

（一）促进“破冰”

上一节我们讲到了“开场三板斧”，也是“破冰”的常用流程、“套路”。但是，从“破冰”的程度或深度上说，还显得差强人意，也就是力度不够。一旦分组之后，学员的归属感会更强，大家选出心仪的组长或学习带头人就群龙就有首了。所以，“开场三板斧”中的“破冰”，破除的更多是培训师和学员之间的“冰”，不至于让学员感觉到“哦，原来这些老师都一样，那就你讲你的、我听我的，我们井水不犯河水，甚至老死不相往来”，反过来给学员的感觉则是“哎呀，不一样了嘛，有点意思啊，我得仔细听听”。分组团建式“破冰”，更多破的是学员与学员之间的“冰”，尤其是同组学员，大家进行了深度高质量的融合。

线下面授时，我经常发现：很多参训学员在培训师分组团建后，紧接着就开始建立本组的微信群，接着他们会经常同进同出，晚上学员食堂或指定的酒店就少了某一个组前来就餐，因为他们开始了本组的再次团建。荣幸的是，我也经常接到这种邀请，参加他们的团建。

融洽无间

2014 年 9 月，我受邀来到了“爽爽的贵阳”，为贵阳某银行的内训师朋友们进行为期两天的 TTT 课程培训，课程进展得非常顺利，尽管本次培训是在计算机机房里进行的。第一天下午下半场，在我安排的一次短暂讨论中，前面一位学员突然递给我一张小纸条。当时，我心里咯噔一下。按常理，要么学员有问题要问，要么学员希望我能讲授某些新的内容，很纠结！果真如此的话，课时就不够了，这样会影响培训的整体进度。好在大家还在讨论中，没有几个人注意到那位学员递纸条这一举动。打开纸条一看，我乐了，大意是：“刘老师，辛苦了！您的课程让我们眼前一亮、获益匪浅，晚上诚挚地邀请您参加我们组的团建。”哈哈，如释重负！当然，学员的邀请，除了礼貌之外，更多地还是尊重和认同，加之晚上没有课程安排，我自然欣然赴宴。大家在饭桌上更加的随意、放松，聊得也更投机，增进了情感。所以，分组团建可以促进组员之间进行高质量的“破冰”。

（二）展开竞技

有一句网络流行语叫作“没有对比就没有伤害”，这一点在某种程度上也反映在我们培训课堂的分组团建中。大家有没有发现：一旦分组，学员那颗想 PK、比赛、竞技的心就躁动起来了。这和我们具有的原始人思维密不可分，在原始社会，人们以部落的方式群居，部落与部落之间经常发生械斗和抢夺，被抢夺的部落自然要奋力反抗，在培训课程中，这种你追我赶的场面也就屡见不鲜了。此时，培训师再用适度的加分奖励予以正向引导，分组团建的意义就大不同了。

积分规则的威力

图 1-2 是 2022 年 6 月我为一家企业进行线上直播培训“基于呈现的课程设计与开发”时设计的积分规则。大家知道：线上直播的效果往往比线下面授要差一些，特别是培训师需要用到的一些演示和学员的演练很难实现。其实，线上直播和线下面授最大的差异在于注意力的集中，很多时候学员关闭了摄像头和语音功能，加上很多培训师直播过程中没有安排互动问答、讨论环节，那么，培训的效果只能靠天意了。鉴于此，我设计了这个积分规则。

01 积分规则

1.按时签到“打卡”	积2分/次	积分最多小组全员获奖
2.与导师进行即兴问答	积1分/次	
3.代表本组发言	积1～3分/次	
4.提交作业速度最快	积3分/次	
5.提交作业通过率最高	积3分/次	
6.整体课堂纪律好	积5分/半堂课	

纪律：积极互动、全程在线、静音、开启视频

分组：以1组为例，组长为1-1，组员为1-2、1-3、1-4

图 1-2　线上直播培训积分规则

各位读者朋友可以猜猜看，全程直播下来的效果如何？

当然，我是满意的，客户也是满意的，我们从课后统计的数据（见图 1–3）就知道当时竞争的激烈程度了。

02 积分排名

小组积分排行榜			
编组	组名	组长	当前累计积分
第一组		王天琦	43
第二组		郭婷婷	41
第三组		冯乃元	42
第四组		唐聪颖	41
第五组		程　飞	41
第六组		何文鑫	51
第七组		韩　飞	37
第八组		周　桐	44

图 1–3　线上直播培训小组积分排行榜

通常情况下，线下面授大约 3 天的课时，得分最高的小组的分数是 40 分左右。所以，这个积分规则的威力"管中窥豹，可见一斑"了吧。

（三）植入活动

在前文"开场三板斧"的握手环节，我曾经提到，如果能植入一些教学活动，那么无论是对于"破冰"这一目的还是教学内容的展开都有千利而无一弊。但是，活动如果过于生硬地塞给学员，那么大家的体验感就比较差，就像美容店员硬拉着你做面膜体验一样。分组后，大家竞争的意识强了，主观上反倒是期待培训师安排竞技环节，可以让大家一展身手，为本组获得更多的加分奖励，在"积分兑换"环节抱得大奖归。如此一来，培训师课前准备的大量体验、引导、互动活动就能自然融入，实现"以活动追寻结果，凭体验启导感悟"的效果。

学员的“投诉”

2016 年，我为某铁路局内训师做 TTT 轮训。一起用餐时，接收到了部分学员的“投诉”：“刘老师，这几天的培训太累了！”嗯？我很诧异地等待下文，又有一名学员说：“其实类似这样的集训，我们局举办过很多次了，大家也知道学不到太多的东西，所以，签完到也就各忙各的了。来之前，我的领导就说了——‘有一个培训班，你去放松放松吧’。但是，听了您的课，觉得很有价值，也非常有趣，分分钟不敢走神，生怕错过最精彩的内容，所以，好累！另外，我们组长反复强调，不许迟到早退，全体组员要积极主动回答老师的问题，为我们组拿积分。”哈哈，吓我一跳！

二、核心内容

（一）起组名

起组名这个看似很简单的任务，里面也有大大的文章可做。首先，根据各组所起的组名就可以大致判断出来大家的投入程度及融洽程度。通常，一个经过大家思维碰撞之后的组名的诞生往往是积极的信号；反之，一个很随意的或一个人随口一说就被确定的组名往往代表着该小组的“冰”仍然存在，“破冰”的程度还不够理想，提醒培训师在后续课程展开时要格外留意。其次，经过精心设计的组名比较“正”，正向引导，弘扬正气，传播正能量。在起组名这个环节，我通常会有两点要求：组名没有攻击性、组名含序号。

1. 组名没有攻击性

前面讲过，只要一分组，大家就想 PK，有的组属于锋芒毕露，从里至外都是杀气腾腾，于是乎，“超一组”“灭二组”“赶三组”“越四组”的组名越起越离谱，总之是唯我独尊。培训课程毕竟还是以知识的接受、行为的改善、绩效的提升为目的，竞争只是调动手段而已，不能本末倒置。当然，也有一些小组的组名起得相对婉约一些，比如有的组起名“老虎队”，另外一组则起名“武松队”，此类情形也是不被允许的。课堂上比较常见的组名还是类似于“一马当先”“两袖清风”“三人行，必有我师”“四两拨千斤”“五福临门”“六六大顺”等。

2. 组名含序号

为了方便展开竞技并植入活动，通常我会对各组及组员编号，按顺时针分为 1、2、3、4 组。每组由大家推选一名组长，组长右手边第一位为本组的 N–1，第二位为 N–2，以此类推；组长为 N–N，第一个 N 代表所在的小组的编号，第二个 N 代表最后一位组员，也就是组长。把组长放在最后，有很大的好处。在互动环节，经常出现这样的现象：只要本组有任务，通常大家甩手给了组长，组长只能硬着头皮往上顶，所以，很多“有经验”的人都不愿意做组长，而采用这样的方式后，培训师可以建议，每组按照 N–1、N–2、…、N–N 的顺序参与互动。

每组的组名需要涵盖所在小组的序号，可以用数字、谐音或英文。实际培训中，叫组名有时比较拗口或容易遗忘，编号之后方便记忆，标准的组名适合助教目视化分数，这样显得规范一些。

有了编号之后，通常会建议相邻的两位同学结成对子，也就是前文提到的“学习搭档”，并且还要仪式感满满地和对方说：“上下五千年，人口十四亿，你我能握手，缘分啊！”这样，在后续课程的讨论、练习及复盘环节，就可以在搭档间展开了。

（二）定口号

口号通常是用来激励学员、鼓舞士气的，也是仪式感的一部分。对于口号，我也设计了一些个性化的要求，借机训练学员的概括、提炼、设计能力。

1. “正”

“正为先，顺为主”。进行内容的提炼首先要考虑导向性问题，必须得符合“正”的要求，即正向引导、弘扬正气、传播正能量。培训是树人工程，这一点马虎不得，只有“正”了之后才考虑内容的“顺”。

2. “顺”

我们在前文已经讲过了语感口诀，此处正好可以让学员小试牛刀，口号要求 3 ～ 7 个字，可以用“三字经”、四字成语、五字绝句、七言律诗的形式来设计，关键是要有韵律感，这样在小组展示环节才能朗朗上口，才能让大家耳目一新，拿下更高的积分，所以，得“顺”，叫得顺、听得顺、顺其自然。

（三）设目标

设目标这一点是分组团建环节最为重要的一件事情。先解释一下，此处的目标并不是指很多学员期盼的“顺利地通过认证成为官方认可的内训师”，也不是“拿到更多积分，成为优胜小组或优秀学员”，而是通过此次培训，本组学员期望解决哪些 TTT 领域的问题、困惑，以及掌握哪些技能。所以，严格意义上，这里的设目标有点需求调研的意思。有的读者朋友可能就要质疑了：“课前不是已经调研过了嘛？此处为什么还要再调研呢，不是多此一举吗？”非也。我的经验是：这一环节既必要又重要。必要在于属于仪式感的一部分，否则，设目标只是简单的喊喊口号，太容易大众化了；重要在于对接下来内容的展开有的放矢。培训目标一般要符合以下两个条件：组织期待，学员需求。

1. 组织期待

课前，通常培训师会与 HR、学员的直接领导及相关分管领导做需求访谈，复杂一点的会做个 360 度访谈。总的来说，向上大于向下，这一部分需求其实更多的是代表组织的期待，也就是公司希望学员接受什么样的培训、得到哪些知识的补充和技能的提升，至于学员是怎么想的，又有什么样的需求，反映出来的并不多。注意：关于培训需求调研与分析的详细内容，我们将在第三章里展开阐述。

2. 学员需求

分组团建环节通过设定目标来捕捉的需求才是参训学员的真实需求。不论培训组织部门如何的三令五申，以我过往多年的教学实践来讲，课程中总会出现一些“临危受命”“替身”的情况，毕竟工、学矛盾在多数组织里是存在的。至少，这部分学员的需求也是当次培训的需求，所以，课上的需求捕捉不可或缺。

诚然，上述两类需求都需要满足，但凡事有个先来后到，最理想的状况是两个需求大致相同。若是两者有冲突的话，须以“组织期待”为首要的满足条件，毕竟这类需求代表着大部分学员的共性需求，同时也符合“买单者”说了算数的“市场规则”。

因材施教

2021 年 10 月，我受邀为国家电网有限公司某市级公司的内训师进行为期 3 天的“五步玩转课程开发”培训。事先，我也和该项目的项目经理做了较为详细的对接，我了解到：这期学员是公司的新晋内训师，基础相对薄弱一些，希望提升大家的课程设计与开发能力。按此需求，我做了充分的准备。然而，来到课程现场后我有点发懵了。目测学员的平均年龄应该都是 20 岁出头，在分组团建设目标阶段，很多学员无法清晰地表明本组的需求。然后，我问询大家是否有授课的经验，大家告诉我从来没有讲过课……多么令人“伤心”的答案。大家知道，课程开发属于培训师的中级能力，需要学员有一定的授课经历，眼前这一切确实有点让我措手不及。后来才知道，这是一批进入公司不到一个月的大学生，组织方希望能给大家一个“提前量”。客观地说，组织方也特别重视这些人及这次培训，总想把最好的给到大家，只是把因材施教和因地制宜给搁置到了一旁。既来之则安之，在后续的授课中，我赶紧调整思路，把原先的课程选题改变为生活中值得分享的一个经验，学员们立马就开始思如泉涌地投入创作之中去了。

从培训的角度而言，真的是“没有不会学，只有不会教”，培训师要做到“心中有数，手上有‘术’”，方法总比困难多。当然，“设目标”的环节可以灵活运用，比如，在课程开发中可以更改为“拟计划开发课程”，在经验萃取中改为“拟萃取主题”。总之，要便于培训师在正式内容开讲之前了解学员的真实状况。

三、引导活动

在分组团建环节，通常会配合使用一些引导活动，辅助“破冰”的持续深入。表 1–1 ～表 1–3 所示为 3 个引导活动的具体内容。

表 1–1　入场调研

工具名称	入场调研
工具简介	入场、离场调研是培训师通过邀请参与者在入场或离场时，填写经结构化问题设计的模板来收集相关信息的一种参与方式
适用情景	课程正式开始前或结束前，搜集信息
使用目的	入场调研的使用可以在课程开始前快速了解清楚参与者的期望，营造出温暖、有活力的参与氛围，燃起参与者的配合热情。根据入场调研的信息，在课程开始前强调主题和目标，避免参与者提出一些无法解决的问题导致气氛尴尬
期待产出	需求调研
流程步骤	① 确定与培训主题相关的 3 ～ 5 个问题项及 3 ～ 5 个选择项（3 × 3 或 5 × 5 均可） ② 绘图画表格，通常包含课程名称、入场调研、选择方式（画“正”、打“√”、“贴笑脸”等） ③ 利用目标设定法统计调研结果 ④ 安排助教提醒学员填写入场调研表 ⑤ 课上结合培训内容宣布统计结果
注意事项	① 选项设定避免重复，如工作年限 5 ～ 10 年和 10 ～ 20 年，10 年就是重复 ② 选项为 3 × 3，最多为 5 × 5 ③ 问题项和选择项要一目了然，不用解释学员也能看懂，而且结果能直接运用，避免含糊其辞 ④ 选项答案可设定单选、多选，也可以用开放式问题等表示

表 1-2 “鸡尾酒会”

工具名称	“鸡尾酒会”
工具简介	一种基于高效交流原理的会议工具，一种迅速引导参与者之间建立连接的引导工具。在“鸡尾酒会”上，每个参与者可以有一个想要分享、推销或改进的主题（意见、想法）。参与者在和不同的人交流时，能碰撞出新的火花或缔结联盟
适用情景	课程已经开始或开始了一段时间，参与者产生了厌烦的情绪，但要快速建立参与者之间的人际连接
使用目的	建立人际连接
期待产出	学员之间的连接
流程步骤	⑴ 准备阶段 ① 自己的名字、昵称 ② 正能量的问题或兴趣爱好 ③ 对培训（会议）的期望 ④ 每个人在彩纸上写或画，时间为 2 分钟 ⑵ 聚会交流 ① 找一个同伴，分享交流彩纸上的信息 ② 交流完后再找新的同伴，至少找 3 个同伴，规定时间内找得越多越好 ⑶ 汇总呈现 ① 时间到后，汇总收集大家的主要想法 ② 如果是工作坊，可以按位置排序张贴彩纸，方便大家随时查看同伴的信息
注意事项	① 活动时间控制在 10 分钟内比较理想 ② 引导学员轻松应对且信息真实 ③ 避免只是同组内或熟人交流

表 1-3 美妙（“翻车”）时刻

工具名称	美妙（“翻车”）时刻
工具简介	引导技术中典型的发散工具
适用情景	适用于所有需要思维发散、累计原始数据的活动阶段
使用目的	收集围绕主题的经验碎片
期待产出	各种与研讨主题相关的经验碎片

续表

流程步骤	⑴引导铺垫 ① 说明课程（研讨会）的目的 ② 培训师展示所需案例的示例 ③ 说明时间、完成数量等规则 ⑵激发思考 ① 通过培训师展示的案例，激发参与者思考 ② 参训者按顺时针或逆时针有序分享
注意事项	① 避免泛泛而谈，可用案例七要素（时间、地点、人物、事件、问题、解决方法、结果），或者用 SCQA 结构化表达工具（情景、冲突、疑问、答案） ② 控制时间，5 分钟 / 人

与本节相关的语感口诀如下所述。

"正"为先，"顺"为主。

没有不会学，只有不会教。

心中有数，手上有"术"。

符合组织期待，满足学员需求。

以活动追寻结果，凭体验启导感悟。

正向引导，弘扬正气，传播正能量。

第三节　有效训练

通过前面内容的阐述，我们帮助大家厘清了培训开场阶段所要做的准备工作：既要“破冰”、破题、“启动注意”，又要“心动”、行动、建立关系。当一切准备妥当之后，即将要讲授课程的核心内容了，可是新的问题又来了，培训师该如何讲授课程呢，或者说如何做一次有价值的课程讲授呢？课程价值又如何评判呢？

正所谓“谋定而后动”“方向重于方法”“路子大于步子”“只有想明白，才能讲明白”，作为培训师的我们，需要清清楚楚地明了努力的方向。对于一次培训活动来说，没有什么事情比培训效果更重要了，那么，怎么样做才能让培训效果最大化呢？

平铺直叙

基于过往近20年培训的经历，我可以说是见识过培训圈的“人间百态”，尤其是内训师培训圈的“人间百态”，既有卧虎藏龙的隐士、高手，又有胆战心惊的“菜鸟”“小白”。大部分没有经过内训师相关课程打磨的新手大体的表现是这样的：“大家好，我是培训师 ×××，今天给大家带来的培训主题是‘××××××’，请大家看 PPT，第一页主要讲……第二页主要讲……最后一页主要讲……好了，今天的课程讲到这里就结束了，感谢大家的聆听，谢谢大家。”

各位读者朋友，上面的场景是否似曾相识呢？当然，最开始授课效果不好的确是培训师新手成长过程中必经的一环。但是，无论怎么说，上面这样的授课方式应该谈不上有什么效果吧？培训师的心态是“哎呀，终于讲完了，好在没出什么岔子”，学员的想法是“总算讲完了”，最后是你好、我好、大家好，效果也就随之被“和谐”了。

当然，一次培训活动的效果要想得到保障，并非是某一个人的事情，这涉及需求调研、课程开发、教学设计、课堂掌控、学员配合、异常处理、后勤保障等，可以说数不胜数。不过，单纯从培训师的角度来说，既然组织安排我们来授课，必要的准备工作安排妥当后，那么，培训效果就真的只能靠培训师自己的力量了，特别是在企业内部老师自己组织培训的时候，有的学员或许是被动地来参加培训的，压根就没有准备怎么配合老师，或者说他觉得没有必要配合老师，这就更加需要培训师做好充足的准备，甚至使出浑身解数让培训效果最大化。所以，从某种意义上说，培训效果还是得靠培训师来保障。既然培训师承担了培训效果的保障者角色，怎么才能做到最好呢？我们可以从以下 4 个方面着手，下点功夫研究。

一、讲清楚

培训师是语言文字工作者，不论讲什么课题、对象是谁、课时多长、教学方式如何，总是要开口讲话的，既然要讲，那么一定要讲清楚，让学员清清楚楚地听到自己在讲什么。这就需要我们做到：字正腔圆，吐字归音，说普通话。

语言的误会

这些年走南闯北，我见过许多因为口音方言而产生的误会。比如，到了福建省福州市，接待我的人，客气地问：“老师，您吃换（饭）了吗？”让我一头雾水。又如，我家里装修时，有一次买家具，导购告诉我，今天买家具送闷骚杯，我吓了一跳，后来才弄明白：原来是商家促销，购物满一定金额可以送焖烧杯，这字里行间差距可大了。再如，在山西省某地，餐桌上，主人说："今晚，咱们喝点红（汾）酒吧。"结果，几瓶汾酒被拿上来并开始给餐桌上所有的酒杯斟起酒来，让女性客人异常尴尬。诸如此类，举不胜举。

作为培训师而言，讲课要讲清楚、说"慢话"，必要时采用关联表述——把不好发音的字替换成好发音的字，比如把"喝红酒还是汾酒"改为"喝红的还是白的"，同时运用板书亦可避免上述情况的发生。

"广东普通话"带来的误会

有一个很经典的"段子"，说某人感觉身体有点不适，去医院看病，一位广东口音的医生用"广东普通话"问他："你有理由死吗？还是没有理由死？"顿时，患者一下子陷入了沉思，人生各种场景一幕幕涌上眼前：人生价值、生命意义、感情牵挂、未完心愿……于是，患者坚定地回答："没有理由死！"医生听到患者的回答，提笔飞快地在病历上写着：没有旅游史。

南腔北调，相对而言，北方的老师发音更加准确一些，南方的老师则稍显力不从心，但我们可以从以下 3 个方面来练习吐字归音。

（一）出字如弹簧

所谓出字是指在吐字过程中对字头的发音处理。一般而言，有力的出字要做到一紧一松，即口腔先收紧后放松。

（二）立字如圆珠

立字是要真正能够使字"立"起来，像圆珠一样给人以饱满的感觉。立字时的口腔动作不应只是大张着，而应有一种"竖"的姿态以使声音凸显出立体感。立字还应有一种滑动的意识，以体现出发音的灵活，切不可只是一味地张大嘴巴，这将导致立字死板僵化。

（三）归音如快刀

归音的过程是针对字尾而言的，字尾处在音节的末端，是吐字过程中的收束过程。经历出字的气息迸发和立字的圆润挺立，归音的力度是一个逐渐放松的过程，直至声音的终止。归音应像快刀斩乱麻那样到位而果断，但要优先确保吐字过程的完整性。

字正腔圆，吐字归音，说普通话，这是讲清楚的必要条件，如果连讲都讲不清楚，何谈效果呢？当然，发声说话，只是培训师的基本功，距离谈培训效果还很远，还需要继续做到以下几点才能谈培训效果。

二、听明白

有人可能要问了："既然培训师都讲清楚了，学员难道还听不明白吗？"答案是"还真不一定就能听明白"。

"不明觉厉"

有一次，我为一家知名的汽车销售企业培训 TTT。课间，有位培训师为大家示范介绍一款车型："这是我们时下卖得比较火的一款SUV，这款车搭载的是2.2升柴油涡轮增压发动机，配备的是8速手自一体变速箱，最高输出功率190马力，最大扭矩420牛米，这是一款好车，你值得拥有！"

我如果问你："你认为这是一款好车吗？"恐怕你只能回答"不明觉厉"，不明白这位培训师在说什么，但觉得好像很厉害。

上述案例中这样的表达，问题出现在哪里呢？主要是术语太多、太专业，用术语堆砌来表达，大家很难理解。此时，就需要培训师运用打比方、举例子、先术语后俗话等方法，用学员知道的、易懂的信息来论证不知道、不太懂的信息。拿生活中常见的现象论证课程中复杂的概念，这样的表达方式，我们称之为打比方，又叫口头论证，目的是让自己表达的内容通俗易懂，方便听众理解，实现以已知求未知。

口头论证

2014 年，有幸为某机场集团员工讲授 TTT。课间，有位老师在“学员上讲台”环节分享了他的课程“企业增值税解读”，至今记忆犹新：“所谓企业增值税，就是商品（含应税劳务）在流转过程中产生的销项税与进项税之间的差额乘上对应的税率，从而计算出要缴纳的税额，这就是企业增值税。”

关于上面案例中的名词术语——企业增值税，专业对口的读者朋友，我们就不必大费周折解释了。但是，对于许多专业“跨界”的读者朋友而言，你们怎么看待这位老师解析企业增值税的话语呢，你们看懂了吗？

上面案例中这位老师，他讲的理论是不会错的，也就是说，他讲的是对的（注：在之后的课程现场，我咨询过几位财税业界“大咖”，他们点头默认是对的）。不过，虽然是对的，但感觉好像差了点什么，有人说“这是一句绝对正确的废话”。其实，从表达呈现的角度来讲，这是典型的用术语解释术语，容易让人“蒙圈”。再比方说，我让大家猜猜这是什么工作——“智能、高端通信设备表面高分子化合物线性处理”，聪明的小伙伴一定猜到了，这是手机贴膜工作。类似这样的表述在 TTT 的课堂上屡见不鲜、比比皆是。

当然，对于内训师而言，专业技术型的课程必然充斥着大量术语，不讲又不行，讲了有的人又听不懂，怎么办呢？化解之法，可以从下面的“四变”入手。

（一）术语变俗话

我们仍然以上面的汽车销售企业的培训故事为例来阐述术语变俗话。上面案例中的 SUV，大家通俗的理解就是越野车，但实际并非如此。我们知道，越野车是第二次世界大战期间出现的交通工具，离地间隙高，通过性较好，但舒适型就另当别论了。试想，真正懂行的人，家用的话，不可能去买一台乘坐不太舒适的代步工具吧。所以，可以这样来表述：这是一款时下卖得比较火的 SUV，说白了就是这车兼具了旅行车的舒适和越野车的性能，无论是乘坐还是驾驶都特别地“爽”。再如，上面讲到的“智能、高端通信设备表面高分子化合物线性处理”，没有提示的话，一般人怎么也想不到是手机贴膜工作啊。反过来想：说到手机贴膜工作，多么具有画面感啊，仿佛我们都能想到在街头巷尾、人头攒动的地方或是商场的柜台里，有商家一字排开为顾客的手机贴膜；而说到了“智能、高端通信设备表面高分子化合物线性处理”，结果呢，没感觉！

（二）特性变价值

我们仍然以上面的汽车销售企业的培训故事为例来阐述特性变价值。上面案例中的“柴油涡轮增压”“手自一体变速箱”，显然是这款车的特性，对于听众而言，不仅专业而且也没觉得和自己有什么关系。如果那个培训师这样来说，大家再看看是不是和自己有关系：“这款车呢，是柴油涡轮增压，也就是说，同样的一升油，咱花的钱少却跑得更远，因为柴油相对便宜且产生的能量更大嘛（注：此前咨询过业内的专业人士，得到如此的回复）；同时，手动、自动挡位二者兼备，完全可以让您体验到驾驶尤其是加速驾驶时的乐趣。”

（三）数据变感受

我们仍然以上面的汽车销售企业的培训故事为例来阐述数据变感受。

上面案例中的 2.2 升、8 速、190 马力、420 牛米，一听就是一些冷冰冰的数字，除了研发人员和销售顾问，似乎对此感兴趣的人不多。我常听很多学员这样说车，“嗯，红的不错，白的也可以考虑，其他的就莫谈了”。多么有趣的话语啊！如果我们这样来表述，听众的感受会不会好点呢：“这款车搭载的是 2.2 升柴油涡轮增压发动机，配备的是 8 速手自一体变速箱，最高输出功率 190 马力，最大扭矩 420 牛米。说白了，就是省钱给力啊！有了涡轮增压，2.2 升排量相当于自然吸气，也就是不带 T 的 2.5 升呢。您看是不是很省油，省油不就是省钱嘛。190 马力，420 牛米，妥妥地超级‘给力’啊，以后您开车出地下车库或爬个山、涉个水，再也不用担心坡道起步，被后车‘滴、滴’了，油门轻轻一踩，这车‘噌、噌’就上去了。”大家想想，这样的话语是不是听着就很舒服呢？所以，我们也没有必要刻意地跟一位上了岁数的大爷说：“大爷，您看我们卖的这台电视机，它是 1080P×1080P 高清的。”恐怕大爷还在掰着手指头算 1080×1080 呢：“小伙子，你这电视机到底多少个 P 啊？”我们完全可以这样说：“大爷，这台电视机是 1080P×1080P 高清的。这么说吧，比如您喜欢看足球比赛，那我告诉您，用这台电视机看球赛，连门将脑门子上的汗珠子都看得一清二楚。”大家看，这么一讲，大爷是不是有了很强的画面感，即使大爷不懂你说的专业术语，但大爷可以感受你的感受。

（四）告知变发现

前面我们讲了“三变”，可能各位读者朋友不一定相信，王婆卖瓜自然要自卖自夸了。同样，如果我们只是把课程内容打包塞给学员，他们也很难接受。比如，大家不管是为人子女还是为人父母，肯定对这个场景不陌生，孩子问父母：“爸爸（妈妈），请问 1+1 等于几啊？”小伙伴们，如果你是爸爸（妈妈），你会直接告诉孩子答案吗？如果是我的话，我应该不会直接告诉孩子答案，相信大部分家长都会通过引导的方式让孩子自己去发现答案。

我们仍然以上面的汽车销售企业的培训故事为例来阐述告知变发现。我们可以这样变通："大家有没有发现，现在的人买车，不单单看安全性，更加关注舒适型了。大家也可能发现了，我们身边换 SUV 的人越来越多了，大家也一定发现了马路上的 SUV 也越来越多了。""有没有""也可能""一定",不断地通过语气的强调,引导学员自己去发现，最终产生共鸣和共情。

上述的"四变",对于专业技术型的培训课程来讲,可谓一剂强心针。很多学员听完之后感叹：醍醐灌顶、茅塞顿开。特别希望每一位内训师结合自己的课程，用心地设计一下自己课程中的"四变"。

三、记得住

（一）艾宾浩斯遗忘曲线

遗忘是人类的本能，这项本能的最高境界叫作"左耳进，右耳出"。德国心理学家艾宾浩斯一生最伟大的贡献就是发现了艾宾浩斯遗忘曲线（见图 1–4）。这条曲线告诉我们：学习中的遗忘是有规律的，遗忘的进程很快，并且先快后慢。观察艾宾浩斯遗忘曲线，你会发现，学的知识在一天后，如不抓紧复习，就只剩下原来的 33.7%。随着时间的推移，遗忘的速度减慢，遗忘的数量也就减少。有人做过一个实验，两组学生学习一段课文，甲组的学生在学习后不复习，一天后的记忆率是 36%，一周后的记忆率只剩下 13% 了；乙组的学生按艾宾浩斯的记忆规律复习，一天后的记忆率是 98%，一周后的记忆率是 86%。很明显，乙组学生的记忆率高于甲组学生的记忆率。

语感口诀的魅力

作为一名地道的文科生，我的学习秘诀主要就是背诵，回想多年以前的求学经历，几乎无"背"不能。从语文、英语到历史、政治，甚至到微积分、线性代数，一切皆可背。

大学期间，我每年都会拿到校、系的奖学金，有同学怀疑我有作弊嫌疑，直到全校统考某门课程，我一举拿下全校第一，“背功了得”瞬间被验证了。有同学来请教学习方法，我的结论就是每当要忘记的时候，就再次重复记忆一次，直到滚瓜烂熟为止。当然，这样的记忆方式更多的还是在对抗艾宾浩斯遗忘曲线带来的影响。

今天再次回想以前背过的内容，几乎都想不起来了，特别是年龄越大，记忆能力衰退越明显，再用背诵的方式硬记忆内容，就显得力不从心了。也不是所有的内容都不记得，比如专业内的两句名言，至今耳熟能详，“有借必有贷，借贷必相等”。这就是语感口诀的魅力所在。

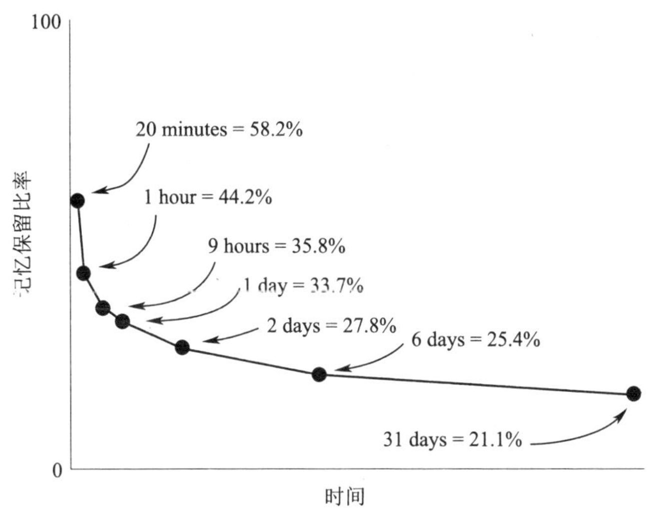

图 1–4　艾宾浩斯遗忘曲线

（二）语感口诀

学习的过程需要对抗遗忘，如何让学员记住所学知识呢？回想一下学生生涯我们是如何记忆的，有的时候背诵一篇文章或某个公理，反反复复背诵很多遍。据说，一个行为养成习惯需要不断地重复练习 21 次，而要变成长久习惯则需要反复练习 90 次，要成为某个领域的专家至少要持续地反复研究相关知识 10000 个小时，之后还要参加多次考试来加深印象。想要学员记得住，就需要培训师不断地反复回顾、总结、串讲知识点，以及举行考试、进行重复行为记忆等来强化学员的记忆能力。此外，我们发现：记忆一篇长文章的难度远远大于一首小古诗，说明短小精悍、工整对仗的诗更容易记忆。所以，除了上述强化硬记忆外，还需要培训师把核心内容提炼优化成一句句顺口溜或工整对仗、韵律感较强的语感口诀——“软记忆”，这就需要培训师必须具备提炼、萃取的能力，对课程中核心关键内容进行深度淬炼，由“全”到“简”再到“词”最后到“字”，正所谓一字千金。

一字千金

你向某人借笔，完整的表述是“×××，麻烦您借给我一支笔用用”，听着总觉得别扭；而简洁的表述只需要一个字，“笔”；无声的表述，只需一个写字的动作……

语感口诀这个词，大家听起来可能觉得有点陌生。当然，这是我们培训师话语体系的一部分，是某个组织或体系内独特的说法，大家可以简单地理解为相当复杂的顺口溜。它是培训师一个不可或缺的重要利器，说白了就是一些工整对仗、押韵感强且读起来朗朗上口的短词、短句、短段落，好处是方便学员记忆、容易口耳相传。

好记易传

以下这些词、句，不知道大家是否还记忆犹新呢？比如，星星之火可以燎原，好好学习、天天向上，打土豪、分田地……这些都是革命先行者的智慧结晶。这些词、句都特别容易记忆和传播。如果用培训行业的术语讲，这些词、句就是简单关键重复讲、直白好记易传播。

吃灌汤包的口诀

说到灌汤包这种美食，很多人对它简直又爱又恨。据说，早在北宋时期就有了灌汤包，那个时候叫作灌汤包子。北宋之后，灌汤包子在开封流传下来。20世纪20年代，名厨黄继善改良灌汤包子，成为流行的灌汤小笼包子，也就是灌汤包。可是，每次吃灌汤包，总有人一边馋得流口水、一边烫得嘴巴起大泡，可谓是快乐并痛着。如此美味，到底应该怎么吃才能避免被烫着呢？资深“吃货”总结了以下几句口诀：轻轻提，慢慢移，先开窗，后喝汤。解析：左手拿勺，右手拿筷，轻轻夹起来，左右摇两下，咬一个小洞，把包子里面的汁倒在勺子里，喝掉勺子里的汁，用勺子舀点蘸汁，从小洞里倒进包子里，味道好极了，最后，吃掉包子。

朗朗上口

电梯是大家生活中不可或缺的代步工具，然而，我国每年因为乘坐电梯导致的伤亡还真不少。我们经常看到各种关于乘电梯时的注意事项、警示信息张贴在电梯内。为了便于用户记忆，我们有一次展开了朋友圈大讨论，朋友们积极参与，最终优化出了两组乘电梯遇突然状况时的要诀。

乘电梯遇突然状况时的要诀一：电梯突停莫丢魂，电话求救拍梯门；等待营救定定神，按键须记每一层；头背紧紧贴梯壁，抱头护颈候恩人。

乘电梯遇突然状况时的要诀二：电梯突停有办法，冷静自如不害怕；电梯按键层层按，急救电话快快打；头背贴壁动作快，理智呼救声音大；手抱脖颈半蹲下，配合救援要听话。

语感口诀如此有魅力，内训师应该如何设计、提炼、萃取语感口诀呢？从呈现形式上来说，常见的语感口诀有 4 种形式。

1. 三字诀

三字诀也就是 3 个字的语感口诀，源自于《三字经》，组成短语后常见的有 3 种形式。

①动宾结构，也就是动词和宾语搭配在一起。比如，很多公共场所关于灭火栓的使用表述为：开箱门、按手报、拿水枪、拉水带、开阀门。

②偏正结构，是由修饰语和中心语组成，结构成分之间有修饰与被修饰的关系。比如，上面提到的灌汤包的吃法：轻轻提，慢慢移，先开窗，后喝汤。

③动补结构，由动词与后面起补充作用的成分组合而成，常用“得”字表示，起补充作用的成分是补语。比如，培训效果十二字要诀：讲清楚、听明白、记得住、做得到。

2. 四字诀

四字诀是将核心要点提炼为 4 个字的语感口诀，源自于四字成语，组成短语后的形式和三字诀有相似之处。比如，心中有数，手上有“术”；“逢冰必破，一动就破”；断断续续，三五成群；“道”可顿悟，事须渐修；等等。四字诀也是我的课程中出现比较多的语感口诀形式之一。

3. 五字诀

五字诀是将核心内容以 5 个字的形式体现的语感口诀，相对于三字诀和四字诀而言，韵律感更加强烈，源自于五言绝句。比如，平时育习惯，训处显风范；水深则流缓，语迟则人贵；携使命出发，依责任行事；卓越是方向，成就在路上。

4. 七字诀

七字诀是 4 种语感口诀形式中相对难度系数较高的一种，源自于七言律诗。当然，一旦提炼成功也是最出彩的。举行行业内训师竞赛时，七字诀每每是“必杀技”。比如，所有、唯一、全、都、最，极端绝对要避讳；文似看山不喜平，画如交友须求淡；主辅明暗留几手，独具慧眼信息球。

除了三字诀、四字诀、五字诀、七字诀这4种常见的语感口诀形式外，培训课程中自然也会增增减减，甚至做两两组合的语感口诀形式。比如，弥补需求缺口，缩短变现差距，解决实际问题，这3句话也是说明培训的根本目的的，形式上为六字诀。再如，会"道"者，一线藕丝牵大象；盲修者，千斤铁锤砸苍蝇，则是三字诀加七字诀的形式。所以，大家在提炼设计语感口诀时，不必被字数的多少限定，能够体现核心内容的价值、工整对仗、朗朗上口、直白好记易传播的语感口诀就是好的语感口诀。

四、做得到

做得到是效果得到保障的最大难点了，企业内部流行这样一句话，大意是讲参加完培训的感受：上课听听激动，下课想想感动，回去后一动不动！当学员课后有这样的反馈时，基本也是给培训师"判死刑"了，说轻了，可能是学员没有复习消化，也可能是培训内容与学员需求不匹配；说重了，培训和不培训是一样的，培训师也没有什么了不起，以后就不要再组织什么培训了。很显然，这与组织的良性成长是严重背离的。为什么会出现这样的情形呢？原因肯定是多方面的，但与培训师讲授课程的能力、风格等必然有关系。很多时候，培训师很能讲，但无法落地，用时髦的话说就是"你讲的都对"。所以，培训师从自身角度出发，也需要做好充分的设计和及时地调整。

（一）知行合一做示范

培训师讲授课程首先得建立在"讲清楚、听明白、记得住"的基础上。对于课程中的方法、工具、流程、技巧等需要有自己的亲身体验和深度的反刍，不能浅尝辄止、过眼云烟。培训课程中，我常用这几句话给学员提建议：投入多少，收获多少；参与多深，感悟多深；未曾经历，不成经验；敞开心扉，方有心得。试想一下，我们让一个从来没有喝过酒的人分享醉酒的滋味，可不可以呢？答案是可以，只是没有感同身受罢了。同理，让一个没有谈过恋爱的人分享失恋的滋味，也是如出一辙吧。假如培训师要求学员做到字正腔圆、吐字归音且说普通话时，自己却是一口地道的方言，如何能正向影响到他人呢？培训师先要做到课程中的自我规范，才能规范他人。培训师示范到位了，再请学员来演练，才能增加公信力。

学习吸收率金字塔模型是美国缅因州的国家训练实验室的研究成果。最早，它是由美国学者、著名的学习专家爱德加·戴尔 1946 年首先发现并提出的。它用数字形式形象显示了采用不同的学习方式，学习者在两周以后还能记住的内容（平均学习保持率）有多少。其中，单纯听讲 5%，阅读 10%，试听 20%，演示 30%，如图 1–5 所示。学习吸收率金字塔模型中最有效的学习方式是教授给他人，也就是企业里经常提到的“转训”，能达到 90% 的高效。

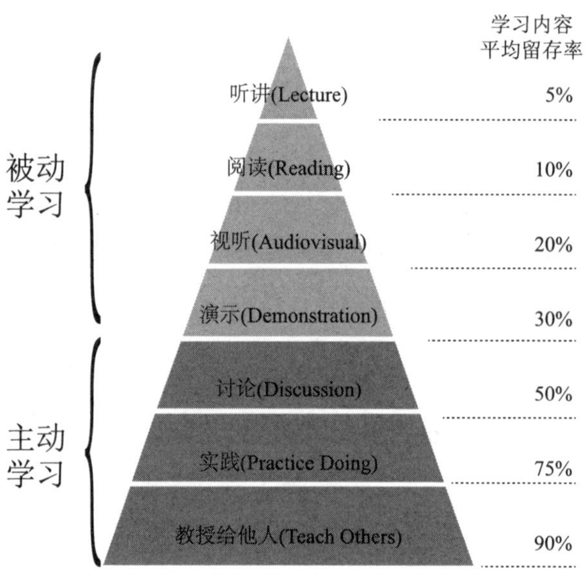

图 1–5　学习吸收率金字塔模型

教育技术理论家和教育心理学家戴维·梅瑞尔教授在五星教学法（见图 1–6）中也明确提到："学习新知"环节需要不断地讲授、示范，以帮助学员消化、吸收内容。

图 1–6　五星教学法

R.M. 加涅的"九大教学事件"（见图 1–7）中的第四个教学事件是呈现教学内容，运用多种教学方法和手段展示教学的内容，如讨论、练习、演示等，也是强调示范的重要性，以帮助学员消化、吸收学习内容。

教学事件	学习阶段	教学举例
1. 引起学生注意	接受	新颖、能引发认知冲突的提问、图片、图表、模型、电影、动画、实验设备等。引起注意
2. 提示教学目标	期望	告诉学生，期待他们获得哪些行为结果，告诉他们学习的任务并提供任务范例
3. 唤起先前经验	工作记忆检索	通过提问相关问题或进行相关教学活动，引导和帮助学生检索先前经验
4. 呈现教学内容	选择性知觉	考虑教学内容的真实性，选择重点进行强调，教学活动设计要丰富多样
5. 提供学习指导	语义编码	提供练习机会，对学生的提问予以回答，个别辅导
6. 展现学习行为	反应	通过提问方式展现所期待的学生学习行为，让学生总结原理，以小组形式讨论，概括出要点
7. 适时给予反馈	强化	对个别学生进行鼓励和指导。进行小组参与和引导协作。让学生彼此交流
8. 评定学习结果	检索和强化	评定方法包括测验、研究论文、分级作业、课堂行为、学生档案袋等
9. 加强记忆和学习迁移	检索和归纳	家庭作业及社会活动等课后巩固和实践活动

图 1–7　R.M. 加涅的"九大教学事件"

（二）“反复无常练自己”

共享一词，在当下可谓是个热词，比如共享单车、共享充电宝、共享办公室。若不是共享单车的出现，很多读者朋友恐怕慢慢就“丢掉”了骑自行车这项技能。自行车是早些年人们出行的主要代步工具，随着生活水平的改善及自主汽车品牌的崛起，私家车不再是奢侈品了，自行车的作用和地位也就慢慢变弱了,很多人已经多年不骑自行车了。可是，当共享单车出现之后，我们为什么还能“捡起”骑自行车这项技能呢?如果我们的学员学会了培训课程中的某项技能，即使是搁置 10 年、20 年之后还会继续使用，那该多好啊。其实，人们之所以还会骑自行车的主要原因在于当年已经学会了这项技能，并且有了相对长期的体验，形成了肌肉记忆。同理，要想让学员学到、学牢固培训师课堂教授的技能，就需要给学员最真实的体验、演练和模拟，不能用常人、常识、常规的眼光看自己。

刻意练习

说到相声“贯口”这一绝活，相信爱好相声这门艺术的读者朋友会非常熟悉。可是,一个相声演员能够做到张口即来、收放自如那是非常不容易的一件事情。

相声“贯口”大师李伯祥，6 岁登台，9 岁成名，人送称号“小神童”，15 岁就掌握了一百多段传统相声，大家可能想不到李伯祥大师小时候居然是个“大舌头”。为了练好基本功,李伯祥知道没有捷径,于是拼命下功夫反复练习。那时候，同样说相声的父亲“看他”看得特别紧，李伯祥的师父赵佩茹还有刘宝瑞也对他严加管教。功夫不负有心人，李伯祥最终练成了后来为人称道的“嘴皮子”，成为相声界的“贯口”大王。

优秀内训师的成长和上面案例中的相声大师的成长如出一辙。各位读者朋友可以关注一下，但凡讲得还算不错的培训师，无论是企业内部的内训师还是企业外部的业界“大腕”，又有多少是毛头小伙子呢，往往是一些饱经风霜的过来人。所以，各位培训师，赶紧操练起来吧，“当下就改变，和昨天说再见”。

综上所述，一次培训活动要想做到有限时间、有效训练，需要全方位、多角度来调动资源。从培训师自身角度而言，“讲清楚、听明白、记得住、做得到”既是自己必须做到的事情，又是一个衡量培训效果的极其重要的指标。

与本节相关的语感口诀如下所述。

有限时间，有效训练。

当下就改变，和昨天说再见。

方向重于方法，路子重于步子。

讲清楚，听明白，记得住，做得到。

所有、唯一、全、都、最，极端绝对要避讳。

文似看山不喜平，画如交友须求淡。

主辅明暗留几手，独具慧眼信息球。

弥补需求缺口，缩短变现差距，解决实际问题。

会“道”者，一线藕丝牵大象；盲修者，千斤铁锤砸苍蝇。

第四节 板书设计

培训课堂上，板书是培训师向学员讲授知识、传递信息的辅助工具。通过板书，能够把课件上未能容纳的知识予以补充，可以让学员紧跟授课节奏，边听边思考，可以让学员的注意力集中到重点内容上，引导学员的思路；同时，板书可以实现构建整堂课程的知识结构和体系并直观呈现给学员，便于把抽象的知识变得形象具体，让学员更易理解。因此，在培训过程中，适当的板书和合理的表达呈现必然会给课堂添彩。在这方面，我感受颇深。

我们在前文说到了培训师需要对所讲授的内容进行必要的概括、提炼、萃取，形成语感口诀。即使形不成语感口诀，至少也要按照“全简词、字”的方式做一定程度的加工，目的是为了实现培训效果中的“记得住”。那么，问题来了，一旦高度浓缩，留在主讲义 PPT 上的文字必然很少，此时就必须做必要的补充和延展，体现在哪里呢？首选当然是板书。所以，我自己的表达习惯已经养成了，每半天课程（通常是 3 个小时）至少有一板完整的板书，清晰地记录了这节课或这半天我讲授内容的思路及核心知识点。课间休息或课后，学员排队给板书拍照就成为一道靓丽的风景线，还有很多学员直接发朋友圈，无形中给授课老师做了宣传。再后来，索性每次课程，我都安排助教组建班级群，由助教从更加专业的角度拍照板书之后，统一发送至学员群，每次课后复盘总结环节，这些照片就能大显身手。

板书有这么多好处，那么，作为内训师的我们又需要在板书方面注意些什么呢？如何才能做好一次高质量板书的设计和使用呢？我从以下 3 个方面给大家提供一些经验和建议。

一、“三误区”

（一）忽略板书

第一个误区是忽略板书，可能正应了“情理之中，意料之外”这句老话了。在培训行业，没有板书的现象非常普遍，综合下来，可能有这几个方面的原因。

①没必要。作为内训师，多数人属于兼职性质，毕竟在组织内部其主业不是做培训，所以没有太多时间设计自己的课件，索性把课程中需要讲的内容一字不落地写在PPT上，既然都写了，为什么还要再写板书呢？这不是多此一举吗？算了，啥也不写了。

②怕遗忘。艾宾浩斯遗忘曲线告诉我们，遗忘是人类的本能，遵循先快后慢的规律，培训师特别是新手培训师害怕遗忘课程中的内容，所以把大量内容甚至于逐字逐句都放在了PPT和备注栏里。这样一来，的确没有必要再写板书了，要讲的都有了，还写什么呢？算了，啥也不写了。

③写不好。这是很多知道板书的重要性，同时也想写好板书的培训师的共同心声。首先就是字迹的问题，毕竟现在提倡无纸化办公，提笔忘字、写字“龙飞凤舞”的大有人在。其次是不知道写什么，有的培训师会把PPT里的内容直接复制在板书上；有的培训师一堂讲课下来，留下来寥寥的几个字还有可能太潦草，以至于大家一个也不认识；当然，也有培训师留下一板“鬼画符”，好似“天书”“梵文”，不知所云。最后，思来想去，既然不是加分项，也不能做成减分项吧。算了，啥也不写了。

（二）杂乱无章

相对于忽略板书，杂乱无章还是有板书使用的，请大家注意，板书属于培训手段的一种，是培训师常见的教辅工具。在很多的行业竞赛中，板书的使用都属于加分项。

板书也能加分

2019 年，中国电力企业联合会主办的第二届全国电力行业青年培训师教学技能竞赛的现场教学环节中，评分标准里就有明确的规定，“正确使用板书得 2 分，不使用板书不得分”。既然用上了板书，评委怎么着也得给个 1 分、2 分吧。如果不用，那肯定是 1 分都没有了。

但是，杂乱无章的板书的确会给人带来不好的视觉体验。这里说的“杂乱”主要体现在两个方面。

1. 书写内容杂

板书通常是对 PPT 内容的补充或延展，但实际上，大部分培训师并不是这样用的，尤其是很多内训师把板书当成草稿纸，有图形、有连线、有复杂的推演过程，是各种信息的集合，看上去更加复杂了。

2. 排版布局乱

板书的内容，没有条理和布局，只是简单地堆砌在上面，大量的箭头、连线、涂色，后面的内容可能叠加在前面的内容上，随意擦去一块板，接着再写后续的内容，等到总结复盘时无从下手，乱作一团。

（三）字迹潦草

字迹潦草这种情况在平时的课程中屡见不鲜，忽略板书、杂乱无章属于板书使用的短板，可以说是不得已而为之，而字迹潦草在很多情况下并不完全都是写不了好看的字导致的，而是培训师在追求个性、特色。下面，我们分别阐述。

1. 缺少练习

大部分字迹潦草的内训师之所以写不了好看的板书，归根结底还是缺少练习。从小写字的基本功不扎实，后来从事了专（兼）职培训师的工作，短板就暴露出来了。童蒙养正讲的就是孩童需要从小养成良好、正确的习惯，长大自然就良性循环了。请谨记“宁少不草”，宁可少写，也不可过于潦草，失去意义。

2. 主观意识

很多内训师认为，老师的板书需要追求个性，一笔一画、工工整整写出来的板书有点孩子气、学生气，适当的“龙飞凤舞”些可以彰显个性和特色。结果，一旦度没有把握好，最后还是变成了“鬼画符”。

二、“三要素”

（一）概念

鉴于板书的版面有限和书写的时间考量，培训师不可能花较多的时间在板书的书写上。讲授课程时，培训师应尽量避免背向学员，尽可能做到时时正面朝人，所以，培训师在写板书时只可能言简意赅地书写核心内容的核心概念，不可能写长句。

概念是人类在认识客观事物的过程中，从感性认识上升到理性认识，把所感知的事物的共同本质特点抽象出来加以概括，是自我认知意识的一种表达，形成概念式思维惯性，是人类认知思维体系中最基本的构筑单位。概念通常以 3 种形式出现：字、词、词组，而板书通常使用最多的也是字、词、词组，所以，概念天然就是板书呈现、表达的最好形式。

1. 字

板书上的内容通常是经过精心设计的，所书写的字通常也是课程中重中之重的部分。从字性的角度讲，板书里出现较多的字通常有名词、动词、量词，尤其是动词，动词是表示人或事物的动作、存在、变化的词。这一类字既是培训师、前辈、老师傅们对自己过往经历的精心提炼，又恰恰是组织智慧的结晶，是需要薪火相传的“秘籍”。

使用消火栓的 5 个关键动词

消火栓使用图例中的“开（箱门）、按（手报）、拿（水枪）、拉（水带）、开（阀门）”是正确使用消火栓的 5 个关键动词。如果是举行消防知识方面的培训，我会在板书中把以上这 5 个关键动词记录下来，无论是当下培训的提醒、强调还是事后的复盘、强化，都有举足轻重的作用。

2. 词

词分为单纯词和合成词，我们这里特指单纯词。单纯词由一个语素组成，自由的单音节语素和所有的双音节、多音节语素都可以组成单纯词，如山、水、天、地、人、有、土、红、凑；仿佛、苍茫、水果、蜈蚣、琉璃、参差、蹉跎、敌敌畏、阿司匹林、萨克斯、麦克风等。可以说，我们目光所及之处无不是概念。比如，每天睁眼可见、可及的衣服、食物、阳光、空气、水；培训现场的桌子、板凳、投影、讲义和学员；课程中的知识、技能、流程、方法、素材、考核；等等。这些都是概念。所以，围绕着核心概念展开表述，即称之为概念表述。无论是 PPT 还是板书，都是概念表述的呈现载体。所以，在板书上用概念来呈现就是上上之选。比如，前文讲到了注意力的两个特点，局限性和波动性。那么，在讲授课程中自然也要板书出来，方便学员形成目视化记忆。特别是一些晦涩难懂的术语，更加需要板书出来，避免引起歧义。比如，术语变话语、特性变价值、数据变感受、告知变发现，这里面有很多术语，此时运用板书：左边写前 4 个词，中间用向右指示的箭头，后边再写后面 4 个词，学员看起来就更加一目了然了。

3. 词组

词组是指两个或多个词的组合（区别于单词），如新社会、打扫干净、破除迷信，词组也叫作短语。从词组的形式上看，主要以动宾结构、偏正结构、动补结构为主，我们在本章第三节的相关内容中曾经详细阐述过，这里不再赘述。

（二）颜色

色彩具有引起知觉、唤起味觉的特点，可以使大脑皮层兴奋，起到提醒和强调的作用。培训师在板书过程中应多借助颜色的作用。我在培训课程中运用最多的3种颜色分别是蓝色、红色和黑色。

蓝色用来书写培训课程中学员必须要掌握的技术、技能类的核心概念，不断地提醒学员——此类信息一定要反复练习，直到完全掌握、运用自如为止。对于这类内容,我给它起了一个独特的名字,叫作“手法”。

红色用来书写培训课程中蓝色技术、技能类核心概念背后的原理。比如,前文提到的“异声拢场”,用蓝色书写,表明这是个技术；而讲到“启动注意”时,则使用红色书写,表明这是蓝色的“异声拢场”背后的原理、理念、出处。对于这类内容,我给它起了一个独特的名字,叫作“心法”。

黑色用来书写培训课程中没有特别用意的核心内容，也就是单纯的概念，自然也就是除蓝色“手法”和红色“心法”以外的内容。对于这类内容，我给它起了一个独特的名字，叫作“说法”。

之所以会做这样的区分，一方面在于色彩的运用让板书看起来更加鲜活，毕竟板书里的内容绝大部分是文字，满板的文字看起来毕竟不舒服；另一方面在于体现我的培训课程的独特性、与其他TTT类课程的不一样之处，这套课程有自己的独占价值，其中一项就叫作话语体系。经过多年的摸索和实践，我已经总结出一套独特的表达方式，以及一些与众不同的说法，在特定的系统内大家耳熟能详、口耳相传，这就是话语体系。

（三）线条

线条本身具有审美价值，在板书书写过程中应常常运用线条与文字配合，借以表明概念与概念之间各种错综复杂的关系，如包含、流程、互为解释等。常用的线条有直线、曲线，有实线、虚线，有横线、竖线、斜线，有单线、复线，等等。

有箭头的线条。在使用线条时，请大家注意，凡是带有箭头的线条往往表明概念之间有很强的逻辑关系，比如包含（隶属）、流程的先与后、因果关系等，需要提前做好设计，避免张冠李戴、自相矛盾。

无箭头的线条。线条无箭头表明概念之间没有很强的逻辑关系。多数情况下，属于概念的并列或同属一个内容序列（知识体系），那就不能出现“有箭头”的逻辑关系。

总之，需要提前做好设计，不打无准备之仗，所以，我们常说“精彩是准备出来的，内容是设计出来的”。

三、“三原则”

（一）概念化

板书的“三要素”之一是概念，围绕概念展开讲授，叫作概念表述，在前文“三要素”里已经论述得足够清楚，此处不再赘述。

（二）模块化

板书的作用，归根结底是对主讲义 PPT 的延展和补充，属于主讲义 PPT 的一部分，使用时必然要遵守相应的原则。

①延展。从课程结构角度来说，任意一门课程均会有课程名、章、节、点的结构层次（后文相关章、节会详述），课程之所以能称之为课程，至少它已经构成了一个完整的知识体系。那么，它在结构层次上通常不少于课程名、章、节、点这 4 层，大部分时候，我们需要对点进行展开，而展开时要么通过 PPT 实现，要么通过板书实现。否则，只能是空口说白话。比如，我们在讲授当前的内容——模块化，它属于本书第一章第四节的第三点“三原则”下的第二个知识小点，虽然表述有点长，

这其实就是结构化的体现。到了延展这一层时，未必全部体现在主讲义PPT里，大概率会以板书的形式出现，这就是延展，把某一类知识顺着一个方向内容不断地往下探究、穷尽。

②补充。延展是就某一类知识的探究、穷尽，越往下探究，知识小点往往不止一个，知识需要符合金字塔原理，下一层的内容通常多于上一层的内容。有时，主讲义PPT上只能体现下一层的部分内容，那么，剩下的内容也只好由板书实现了，这就是补充。比如，在讲到有效训练这一节时，下面有4个知识要点，分别是讲清楚、听明白、记得住、做得到，针对这4点的展开讲授，用到的板书叫作延展；而除了讲清楚、听明白、记得住、做得到这4点之外，又增加了用得上这个小点，那么就算是补充了。延展是纵向的，补充是横向的；延展是同一个知识点，补充是另一个知识点。

板书延展和补充的概念已经区分清楚，我们再来看看模块化的实现方式，模块是相近内容的一个集合，培训课程中一般用这两种方式实现：内容模块、时间模块。

① 内容模块。同一个知识体系，比如同一章的内容、同一节的内容、同一点的内容都可以算作一个模块，利用线条将这些内容画定在同一个模块里。

② 时间模块。培训师讲授的内容通常伴随着时间展开，按照鲍勃·派克的“90–20–8”法则，一个单位时间里所讲授的内容可以作为一个模块。比如，单日培训课程的上半场、下半场各有一板板书，每一板板书里再按照20分钟一个知识点来画定一个小的模块。当然，时间模块需要服从内容模块，二者完全可以结合使用。

（三）色差化

色彩的运用，让“手法”“心法”“说法”顺其自然地产生了色差化。当然，色差化同样也需要符合知识点的结构层次要求，同一个层次尽可能用同一个色系。

与本节相关的语感口诀如下所述。

宁少不草。

全简词、字，概念表述。

精心设计，精彩演绎。

简单关键重复讲，直白好记忆传播。

精彩是准备出来的，效果是设计出来的。

内容是配置出来的，互动是促动出来的。

本章小结

第一章的内容是课程开场，这对于绝大多数新手培训师来说是个很难逾越的鸿沟，多重因素使然，这一章从“心法”和“手法”的角度与大家进行了很多实用、接地气的经验分享。第一节的开场“破冰”环节告诉大家如何快速运用“开场三板斧”来主动出击，“破冰”“融冰”。第二节的分组团建内容里不仅有常规的做法，还有“抓取”现场参训学员需求的设计。第三节的有效训练相关知识揭示了有限时间内提升有效训练的应对策略，尤其是“四变”的运用，让专业技术类课程也变得生动活泼起来。第四节的板书设计内容补齐了很多新手培训师一直以来的短板，解决了大家在培训开场环节的困惑和瓶颈。

第二章

角色、形象：内修情绪，外修风范

阅读、学习本章，您能解决以下几个问题。

①内训师需要扮演哪些角色，如何履行好各种角色的责任和义务？

②企业内训有哪些趋势，内训师如何因势利导？

③紧张到底是什么，紧张好不好，紧张要不要？

④站在讲台上，一旦过度紧张怎么办，如何将压力分散出去？

⑤内训师在讲台上如何站立行走才能体现强大气场？

⑥内训师怎样才能练就抑扬顿挫的表达技巧？

⑦如何才能成为优秀的内训师或商业讲师？

⑧在培训课堂上，内训师是不是什么都可以讲呢？

第一节　角色认知

从小到大，我们日常接触最多的人，如果说家人排第一，那老师应该排第二。生活中，家长经常会对孩子说："再不听话，我要找你的老师了。"很快,调皮的孩子就安静了。由此可见,老师对孩子的影响力有多大。

"一日为师，终身为父"，这是古人对老师最高的褒奖，那么，作为培训师的我们究竟扮演着什么样的角色，又该如何履行好扮演角色的责任和义务呢？我们不妨先从培训的目的说起。

一、培训的目的

课堂上，我经常问大家："各位同学，企业为什么要开展培训呢？"大家的回答通常句句在理又五花八门。"提高员工能力"，"改善工作绩效"，"完成年度计划"，大家说的都是有道理的，企业组织培训不会是想起一出是一出的，企业毕竟不是福利、慈善机构，投入当然就意味着要有产出。那么，企业到底为什么要组织培训呢？在这里，我想借用唐代文学家韩愈《师说》一文中的"师者，所以传道、受（通授）业、解惑也"来概况、总结企业组织培训的目的或许会更加全面、贴切一些。

（一）传道——弥补需求缺口

大家有没有想过，"传道"到底传什么，"道"又代表何物？当然，角度不同观点也会不同。对于组织（尤其是企业）来说，"道"更多代表的是制度、规范、标准，属于知识一类，员工需要清清楚楚明白所在行业的各种"道"。那么，问题来了，大家都知道"道"了吗？这个就很难说了。所以,培训首先要解决的是"道"的问题,培训师是企业"道"的传播者。是不是所有的"道"都需要传播呢？各位可以想一想知识类的“道”应该在什么阶段学习？没错，学历教育阶段。换句话说，到所在组织（尤其是企业）之前，应该学完了必备的“道”。所以，企业中的“传道”只是弥补需求中的缺口（不足部分）及更新和迭代的部分。

训战结合

任正非曾明确要求华为大学（华为公司的企业大学）：“华为大学（华为公司的企业大学）一定要办得不像大学，因为我们的学员（员工）都接受过正规教育。你们的特色就是训战结合，给学员（员工）赋予专业的作战能力。整个公司第一是要奋斗，第二是要学会、掌握奋斗的办法，光有干劲没有能力是不行的。”

（二）授业——缩短表现差距

从上面任正非对于华为大学（华为公司的企业大学）的要求中，各位读者朋友可以明显看出，任正非更希望华为大学（华为公司的企业大学）教给学员（员工）提升能力的方法。如果员工不缺少知识，是不是一定就能做出让组织（特别是企业）满意的成绩呢？答案是未必。知识转化成技术、价值还是需要一个过程的，为了保障企业产品（服务）的稳定品质，多数企业对于关键岗位都会有 SOP（Standard Operating Procedure，即标准作业程序）要求，大家比较熟悉的有肯德基、麦当劳的炸薯条作业程序，以及高速公路收费站员工职业化的微笑问候、通信行业人工座席答疑解惑等。其实，培训的目的就在于努力缩短员工实际工作中的表现与 SOP 的差距。

盲目模仿

很久以前，有一个人拜师学习理发技术。师父拿一个冬瓜做现场示范，师父以迅雷不及掩耳之势干净利落地将冬瓜削完，然后随手“嗖”地一下将理发刀扎在冬瓜上，对徒弟说：“来吧，练到这般就可以出师了，”于是，徒弟每日勤奋练习，每次削完冬瓜也“嗖”地一下将理发刀扎入冬瓜中。这一天，徒弟正式出师，来一顾客理发，徒弟手起刀落，三下五除二地便将顾客的头发理完，收工之际，徒弟“嗖”地一下将理发刀扎向顾客脑袋……

上面这个“段子”深刻地体现了SOP的重要性，没有标准作业流程，单靠师带徒只能称之为模仿，不能叫培训，“段子”中的徒弟无法辨别“嗖”地一下是必须项还是非必须项。所以，培训是要缩短理想状态和期望状态的差距。

海底捞的服务

说到对海底捞的印象，相信很多读者朋友的第一反应就是服务。餐饮行业技术壁垒较低，又是劳动密集型组织，边际成本高，海底捞能从多如牛毛的火锅店中闯出来实属不易，确实靠的是服务。张勇在一次年会上曾表示：在海底捞，诸如杯子里的水不能低于多少、戴眼镜的客人一定要提供眼镜布、要记得给客人手机套上手机套都有明确规定，没有做到就扣分。虽然有些员工为了不被扣分，即使顾客不愿套手机套也会被套上，其实都反映出岗位SOP的重要性。试想，如果没有这样的作业标准，对于忙碌了一整天的服务人员来说，越到在岗时间的后期，服务意识越单薄，服务的状态越差，如果您恰恰在这个时候用餐，感受能好吗？

（三）解惑——解决实际问题

丰田问题思考法明确指出，所谓的问题是指理想与现实的差距。比如，我的理想体重是 70 千克，实际体重是 75 千克，那么，差距的 5 千克就是问题。企业内部这样的差距比比皆是，组织的理想期待与员工实际表现的差距随处可见，培训需要解决的也就是这个差距。差距产生的原因可能多种多样，找出关键点消除，才能标本兼治。当然，培训需要解决的恰恰就是这个关键点——阻碍组织绩效增长的"惑"。古人常说"意惑而心困，心困而行滞"，大白话的意思就是说：思想意识上有了困惑不能得到解决，那么，就会影响内心的思考，最终让人原地踏步、无法行动。由此可见，培训解惑有多重要，不仅如此，解惑也是培训三大目的中的重中之重。

坚持不懈地减肥

当下，人们审美的标准似乎就是瘦，巧合的是：以前的我将近 90 千克的体重，后来掉到不足 75 千克，所以，经常会有学员在课堂上问我是如何减轻体重的，甚至有人质疑："我针灸过，健身房也去过，'辟谷'也干过，怎么就减不下来体重呢？"我说："对呀，你都这么认真了，怎么体重还是没有减下来呢？"对方说："老师，我发现我最主要的问题还是没有坚持下来。"这位同学真是一语中的啊。"坚持是一种美德"，三天打鱼两天晒网可是减不了肥的。

我自己减肥的体会：坚持确实很难，节食一餐、两餐还可以，再多就不行了；健身房更是如此，力量训练根本做不下来。所以，我发现减肥最大的困惑在于坚持，只有坚持下去才是减肥的关键点。于是，我开始自我对照，人们常说减肥要"管住嘴、迈开腿"，跑步坚持不下来，我可以坚持快走；三餐不吃坚持不下来，我可以少吃或晚餐不吃。找到了减肥的"惑"，问题则迎刃而解。所以，我瘦了下来。

二、培训师的角色

“人生如戏，全靠演技”。每一个人在这个世界上均被赋予了特定的角色，从伦理关系上可能是父母、子女，从社会关系上可能是朋友、邻居，从职场关系上可能是同事、客户等。培训师群体是组织内部不可或缺的人群，培训师扮演的角色，更像是一部影视剧作品不可缺少的三大角色，具体来说：是编剧，也是导演，更是演员。

（一）编剧——开发、设计作品

编剧的价值

近些年，国内的电影市场可谓火暴异常，尤其是国产商业大片纷纷拿下非常高的票房收入，一部成功的商业电影的收益远远超出部分制造型企业多年的营业总额。当然，我们也要清楚地看到，每一部高票房的电影都与其扣人心弦的故事情节、感同身受的观众体验、结构清晰明了的叙事逻辑息息相关，说到底，这与电影剧本的价值贡献密不可分，或者更直接地说——这与编剧的价值贡献密不可分。

多数培训师承担了所讲述内容的开发、设计角色，内容的深浅、资源的多少、进程的快慢、论证的松紧都要在课前做周密的设计。所以，课程开发、设计能力便是培训师的必备能力之一。缺少有价值、有设计的内容，再好的培训师，恐怕也只能陷入“巧妇难为无米之炊”的境地。培训师的课程开发、设计能力其实就等同于影视行业中编剧写剧本的能力，那培训师自然而然地等同于编剧的角色了。关于课程开发，我将来会专门著书论述，敬请读者朋友们期待。

（二）导演——协调、控制现场

课堂上，我询问大家："导演在一部影视剧中的作用是什么？"有人说"喊 CUT"，也有人说"挑演员"，还有人说"翻手为云、覆手为雨，耍威弄权"。真是"高手在课间"啊！百度百科是这么定义导演的，"导演，是制作影视作品的组织者和领导者，是用演员表达自己思想的人，是把影视文学剧本搬上荧屏的总负责人"。作为影视创作中各种艺术元素的综合者，导演的任务是组织和团结剧组内所有的创作人员、技术人员、演出人员，发挥他们的才能，使众人的创造性劳动融为一体。导演就好比军队的最高指挥者，一部影视作品的质量很大程度上取决于导演的素质与修养；一部影视作品的风格也往往体现导演的艺术风格和性格，更能体现出导演看待事物的价值观。

匠心独运

詹姆斯·卡梅隆，1954 年出生于加拿大，好莱坞电影导演、编剧。1981 年，执导首部电影《食人鱼 2：繁殖》。1984 年，因自编自导科幻电影《终结者》成名。1986 年，自编自导电影《异形 2》。1991 年，凭借电影《终结者 2》获得第 18 届土星奖最佳导演奖及最佳编剧奖。1994 年，执导电影《真实的谎言》。1997 年，他执导的电影《泰坦尼克号》取得了 18.4 亿美元的票房，打破了全球影史票房纪录；该片在第七十届奥斯卡金像奖上获得了包括最佳影片在内的 11 个奖项，詹姆斯·卡梅隆凭借该片获得了奥斯卡奖最佳导演奖。

2005 年，詹姆斯·卡梅隆被英国杂志 *Empire* 评为"世界最伟大的 20 位导演之一"。2009 年 12 月，他执导的科幻电影《阿凡达》上映，该片全球总票房超过 27 亿美元，再次打破了由他自己保持的全球影史票房纪录。2010 年，他入选《时代周刊》评出的“全球最具影响力人物”；同年，他获得美国视觉效果工会奖终身成就奖。2011 年，他获得美国制片人工会奖里程碑奖。

这就是一位好导演的价值。如今，詹姆斯·卡梅隆已经成为电影高票房的代名词。

培训课堂上，尽管事先有足够的准备，实际授课过程中仍然会有许多无法预料的不可控因素，这些就要靠培训师的随机应变，以及培训师发挥协调、控制的作用来应对了，所以，培训师要能“控场”。这里，培训师扮演的就是导演的角色。

（三）演员——演示、示范要点

爱屋及乌

如果你要去看电影，面对多部同时上映又都不了解的电影，你会如何选择呢？也许很多读者朋友会不假思索地告诉我：那得看主演是谁，主演是我的偶像的话，演啥电影我也去看。确实如此，很多商家选择明星代言也是同样的道理。演员，尤其是主演，对于一部影视剧的重要程度自然不用多说。

对于培训师而言，要想传道、授业、解惑，就必须给予学员必备的知识、实操的行为、突破瓶颈的绝招，而训练常用的“讲、演、练、评”技能类流程就不得不用。这里的“演”包含演绎和演练两个含义，这时的培训师扮演的就是演员的角色。

感同身受

很久以前，观看某位性格分析大师的课程。为了体现某种外向型人群性格活泼、好动甚至是夸张的一面，那位老师直接躺在地上来演绎；而讲到了另外一种外向型人群性格里强烈的控制欲甚至是飞扬跋扈的一面，那位老师直接跳上了讲台开始咄咄逼人的演讲。当然，这样的演绎方式，未必所有人都能接受，不过确确实实让现场的人感同身受，让人记忆犹新。

培训师在课堂上能有让人身临其境的演绎，学员才能有切合实际的演练，培训的效果才能得到行之有效的保障。

三、培训师的使命

培训师，特别是内训师这个概念，是伴随着我国经济的快速发展而逐渐涌现出的一个新兴职业角色。以前的组织里，更多的还是通过“师带徒”的方式培养人才。

师承有自

相声等曲艺艺术特别讲究师承，有很多的学生从小就在师父家吃住，通过与师父的朝夕相处从而学到“武林绝学”，俗称“儿徒”，比如电影《百鸟朝凤》中德高望重的老艺人焦三爷和徒弟游天明的关系就是如此。

当然，类似于曲艺行业这样的“师带徒”方式已然决定了它是有天花板的：一来，师父带不了太多徒弟，毕竟得手把手教嘛，比较耗时费力；二来，徒弟的学艺程度取决于师父的个人能力，不是所有的人都可以青出于蓝而胜于蓝的；三来，徒弟能否学会、学到“武林绝学”与师父的主观情感正相关，换句话讲，徒弟学习的成果不稳定甚至会不靠谱，是因为过多地依赖师父这个人。现代企业有了内训师队伍，企业的“技艺”传承不再单靠师父一个人，更多靠的是组织的经验和智慧，按照更加科学合理的方式传承“技艺”,从而给培训师赋予了神圣的使命：提炼、优化，培训、教导，复制、传承。

（一）提炼、优化

通过近几年每年上百场的培训实践及与行业中同仁的沟通交流，我总结了一些当下的培训趋势，在此与各位共飨。

①外训的内训化，也就是说，很多原先外部采购的课程逐渐由内部老师——内训师教授代替，尤其像礼仪、沟通和 office 等多数常用、通用、非核心技术的课程更是如此。

自强不息

多年之前，奇瑞公司的企业大学——奇瑞大学就不再采购“有效沟通”类的通用课程了；哈尔滨铁路局自建了拓展训练基地，自行培养、认证了多名拓展训练师；国家电网有限公司开始建立自己的“培训师培训”课程的师资队伍；东方航空公司等航空公司的“服务礼仪”类课程基本由自己的师资队伍来实施培训。

②学员的年轻化。上课的人越来越年轻，学员不仅仅关注培训师讲什么，更关注培训师怎么讲，培训师上课的趣味性和互动性是必备要素。

“95 后”“00 后”的诉求

长江后浪推前浪，细心的培训师应该发现了，培训课堂上学员的年龄越来越小了，“95 后”“00 后”也加入了职场，他们这一代人生活在信息和自媒体极其发达的环境中，网络热词和流行语是他们的常用语言。相对于枯燥的课程内容，他们更加关心抖音、王者荣耀及各种直播带货，他们希望老师授课更像是在做“脱口秀”或“说相声”，“无互动，不培训”是他们的基本诉求。

③行业的普遍化。当下，更多的政府机关、事业单位也在紧锣密鼓地组建自己的培训师队伍，比如公安系统、税务系统、医院、学校等。

智慧传承

2017 年起，我多次受某省公安厅的邀约，为某省公安厅及其下属单位业务教官讲授 TTT 课程。除公安系统外，像救死扶伤的医生、教书育人的老师、明察秋毫的法官也都在学习 TTT 课程，他们所在的组织纷纷建立自己的内训师队伍，共同传承组织的智慧和经验。

④需求的项目化。很多组织不再单纯依赖外部师资或采购单一的通用课程，而是成立专门的师资研发队伍研发或定制所需的系列课程。

一专多能

近几年，我为电力行业内的众多企业提供了上百次的培训和辅导服务，脚步走过了国家电网有限公司、南方电网有限公司、发电集团等很多地方。其中，截至 2022 年 5 月，我就累计服务过国家电网有限公司 24 个省级电力公司和 36 个市级供电公司，服务的内容也从最开始单纯的一场又一场培训演变为现在的长期兼职培训师项目实施。好比，一个厨师原先只做一道菜，现在则要做一桌菜。“湖南省电力公司专家级人才培训班”就是其中一个例子。

据说，湖南全省有电力专家近 1000 名。当然，这些都是业务专家，其中许多专家都在做国家级的科研项目，给这些专家人才提供培训项目也成了各省级电力公司的重头戏。那么，到底需要给这些专家培训哪些课题呢，又由谁来担任师资呢？答案是：根据需求，开发专项课程，由专家中的培训专家来实施培训。于是，“湖南省电力公司专家级人才培养师资培训”项目应运而生。通过长达大半年5次线下集中培训、辅导和数月线上跟踪，最终产出了专家人才培养的课程和师资。类似的培训项目在电力行业数不胜数、不胜枚举。

⑤赋能的竞赛化。近年来，各个行业和组织均在大力推进“以赛代训、以赛促学、以赛促培”的“三以”活动，通过技能竞赛，不断提高内训师的专业能力、创新能力、带教能力，很多赋能活动通过竞赛来实现。

“试”在人为

自2015年开始，我每年差不多有三分之一多的课时用来辅导各个行业的内训师竞赛，并且专门设计开发了配套的版权课程“‘试’在人为——行业内训师竞赛辅导三部曲”，辅导过的行业竞赛有中电联内训师竞赛、太平洋保险一师一课竞赛、“我是好讲师”竞赛、江苏农商行内训师竞赛……

以上趋势反映出很多培训需求，外部培训机构和师资无法承接。此时，内训师就无可替代，他们需要把组织的经验和智慧提炼、优化给更多需要的人。所以，培训师的使命之一就是提炼、优化。

（二）培训、教导

以前有一门特别火的课程叫作“非人力资源经理的人力资源管理”，课程中，老师着重强调一点，“人力资源管理不仅仅是人力资源部门的事情”。同样的道理，其实培训也不仅仅是培训部门的事情，领导者本身就是培训师，需要懂得教育培训下属。现在，很多原先称之为企业大学、企业商学院的机构把领导干部认证为培训师，而且每年必须达标规定的培训课时。领导干部尚且如此，何况企业的业务骨干呢？所以，培训师的使命之一便是培训、教导。

兹事体大

早在2006年，奇瑞大学（奇瑞公司的企业大学）就开始对公司任命的领导干部增加了“培训课时”这一KPI，到年终由奇瑞大学（奇瑞公司的企业大学）来统计，达标的领导干部不仅仅能获得该项KPI的高分，更能得到诸如赠送图书、外派、内训等物质奖励及荣誉墙、荣誉证书、高管颁奖、裁判评委等精神奖励。而像农业银行等金融系统和铁路系统，更是专门成立了培训学院来专门培养内部人才。农业银行在武汉、长春、天津、上海成立了四大培训学院，培养专项人才。中国国家铁路集团有限公司则在武汉成立培训基地培养内部员工，不仅仅有培训基地，还有高质量的培训师资，大部分师资由铁路企业管理者担任。

（三）复制、传承

与培训、教导不同之处在于，复制、传承的使命要求培训师不仅要能培训员工，还得能培养本门课程的内训师队伍。简单地说，就是还得带出“徒弟”、授权认证。众多百年老字号企业不就是薪火相传及复制、传承的结果嘛。所以，我们常说“复制创绩效，传承不走样”。因此，培训师的使命也是复制、传承。

复制、传承的使命

相比于企业内训师，商业培训师在复制、传承上走在了前列。目前，培训市场上有许多版权课程，包含国内版权、国外版权。当商业培训师通过数以万计的重复培训之后，积累了足够多的经验，具备了复制、传承的条件，很多知名的商业培训师就成功开设“弟子班”或“授权导师班”完成复制、传承的使命。

我从 2017 年开始尝试授权传承，先后开设 3 期“弟子班”，为业界输送了 10 多名经过精心培养的高素质培训师。

当然，也有一些高管兼职的企业内训师总结摸索出一套行之有效的经验，转化成了课程，不仅仅在组织内部培训学员，同时也在培养接班师资，尤其是一些大型连锁类的企业和组织都是有计划地把自己打造成为一个薪火相传的学习型组织的。

综上所述，培训师不仅仅教授学员知识、技能，更要培养该门课程的接班培训师，帮助组织培养人才、使用人才，实现人才价值最大化，正所谓：本色做人，角色做事。

与本节相关的语感口诀如下所述。

无互动，不培训。

传道，授业，解惑。

本色做人，角色做事。

携使命出发，依责任行事。

复制创绩效，传承不走样。

设计好，控制住，演示足。

老师是站着的学员，学员是坐着的老师。

投入多少，收获多少；参与多深，领悟多深。

弥补需求缺口，缩短表现差距，解决实际问题。

学习是问题发现的过程，成长是问题解决的结果。

第二节　紧张化解

心为物役

在某公司内部培训会议上，来自西北区域的王经理获邀登台发言，王经理所在区域的业绩在全公司遥遥领先，领导们希望王经理能分享一下自己成功的经验。看得出来，王经理有些紧张，在同事们雷鸣般的掌声中，王经理面露难色地登上了讲台，并且拿出事先准备好的发言稿。或许是大家比较熟悉的缘故，王经理刚开始发言时还有几位老同事与其打趣逗乐，他自己也自我解嘲地说："我的普通话不标准，一般只做事不说话。"可是，随着总经理提出让王经理脱稿发言后，画风急转：王经理说话开始卡顿甚至几度忘词，他的脸时白时红，特别是拿稿子的手发出了"沙、沙"的响声，台下的同事们也不敢说话了，整个会场的气氛似乎是拉到弹性尽头的皮筋，大家都等待着断裂时刻的到来。

上面例子中这样的场景，不知各位读者朋友在现实中是否遇到过。作为一名培训师，你会临场紧张吗？紧张到底好不好呢？遇到紧张的情形该怎么办呢？怯场又是怎么回事呢？

一、紧张的实质

（一）紧张是正常情绪

在数以千计的教学课堂上，我都会问学员一个问题——"紧张好不好"，大家的第一反应无一例外是"不好"。紧张真的不好吗？紧张到底是个什么东西，为何大家都不喜欢它？其实，紧张不能用好坏来衡量，一个人如果没有了紧张，恐怕就真的得“紧张”了。

意外

2014年3月某日早高峰，上海地铁一号线，人头攒动，许多赶着上班的市民在轨道两侧焦急地等待列车的到来。此时，一位衣着鲜亮的男士也加入了等车的队伍中，他和大多数人一样，一边走着一边看着手机。意外突然发生了，这位男士径直走进了轨道，“啪”地一下掉进了约1米多深的轨道里，人事不省。也许是上天眷顾他，值班工作人员马上叫停前方列车，围观的市民帮忙把其抬了出来，算是捡了一条命。

无独有偶，湖南长沙，一个不满20岁的女孩，同样是边走路边看手机，结果掉进了一个约8米深的坑洞，当场殒命。

上述例子中的两起事件经《央视新闻》栏目播出后，引起了激烈的讨论，大家都把矛头指向了智能手机。当然，过于沉迷于智能手机肯定不是一件好事情，边走路边看手机肯定也不对，男女老幼，概莫能外。但是，我们这里暂且不讨论玩智能手机成瘾的问题，从另外一个角度来分析，之所以发生诸如“低头玩手机、抬头已过站”甚至是上文例子中的危险类事件，不能怪罪于智能手机，智能手机只是物品，关键是使用它的人。再者，为什么不是所有边走路边看手机的人都会出意外呢？出意外的主要原因在于看手机的人缺乏必要的紧张意识，完全忽略了外界对自己的影响，在危害发生时丧失了行为能力。所以，紧张未必是坏事。

一个人独自走夜路时，会下意识地关注前后左右的路况，如果有人接近自己,也会本能地紧张起来。这种紧张对于自我的保护是有作用的，至少在意外发生时能做出及时地反应。

（二）怯场是过度紧张

紧张是人类的一种正常情绪，之所以说“不好”，是因为由于过度紧张影响了我们的正常发挥，比如出现表达者脸红、气息急促、心跳加速、手脚发抖、头脑空白、说话词不达意等现象。这类现象就不能用紧张来描述了，严格意义上叫怯场，也就是过度紧张。因此，我们可以得出结论——“紧张人人有，不露是高手”。

二、怯场的原因

培训师为什么会产生怯场的情绪呢？前辈们和相关的心理学图书中有许许多多的解释,我们在这里就不一一列举了。根据多年教学的经验，我总结了如下所述的两点怯场原因。

（一）想多了

蜈蚣的困境

蜈蚣是用成百条细足蠕动前行的。作为“哲学家”的青蛙看见蜈蚣走路，久久地注视着，心里很纳闷：自己 4 条腿走路都那么困难，可蜈蚣居然有成百条腿，它如何行走？这简直是奇迹！蜈蚣是怎么决定先迈哪条腿再动哪条腿的呢？毕竟它有成百条腿嘛！

于是，青蛙拦住了蜈蚣，说:“我是个‘哲学家’，但被你弄糊涂了,我很疑惑,你是怎么走路的？用这么多条腿走路，你要先迈哪条腿呢？”

蜈蚣回答:“我一直就是这么走路的，没想过要先迈哪条腿。现在，既然你问了，我得想一想才能回答你。”

先迈哪条腿这念头第一次进入了蜈蚣的意识：青蛙是对

的，我该先迈哪条腿呢？蜈蚣站立了几分钟，动弹不得，蹒跚了几步，终于趴下了。它对青蛙说："请你再也别问我们蜈蚣这个问题了，我一直都在走路，这根本不成问题。现在，你把我害苦了！我动不了了，成百条腿要移动，我该怎么办呢？"

许多培训师也会面临上面故事中蜈蚣的困境，登台之前苦苦思索一些可能根本就不会发生的问题,比如"讲砸了""场面失控""忘词""下面有高手""学员捣乱""有人离场"等。想得越多，心里越没有底，本来紧张情绪人人就有，无形中又陡增了许多，只能让原本正常的紧张演变为不正常的怯场。培训师登台前要做到澄心静虑，没有发生的事情不要多想，已经发生的事情淡然处之。

（二）讲少了

熟能生巧

相传，北宋官员、书法家陈尧咨擅长射箭，当时没有人能和他相比，他经常也凭着这一点自夸。

一次，陈尧咨在自家的园圃里射箭，有个卖油的老翁放下挑着的担子，站在一旁，不在意地斜着眼看他，久久地不离去。老翁见到陈尧咨射出的箭 10 枝能中八九枝，只不过微微地点点头赞许。

于是，陈尧咨问老翁："你也会射箭吗？我射箭的技艺难道不是很精湛吗？"

老翁回答："射箭射得好没有什么别的奥秘，只不过是手熟罢了。"

陈尧咨听后愤愤地说："你怎么敢轻视我射箭的技艺！"

老翁回答："凭着我倒油的经验就可以懂得射箭的道理。"

老翁取过一个葫芦立放在地上，用铜钱盖在葫芦口上，慢慢地用勺子把油倒进葫芦，油从铜钱的孔中注进去，却不沾湿铜钱。

老人说："我这点手艺也没有什么别的奥秘，也只是手熟罢了。"

陈尧咨见状，只好笑着将老翁打发走了。

由上面的故事可知，熟能生巧的关键是熟，也就是多练习。对于培训师而言，对于所讲述内容的熟悉程度决定了紧张的程度。你对所讲述内容的越熟悉，就越不会紧张，要熟能生巧就要多讲、反复讲。培训师要想做到信手拈来、收放自如既要做足充分准备，提前做好课程设计、规划，又需要在登台前反复演练，直至能自圆其说。正所谓，"台上呈现 10 分钟，台下演练 10 小时"，前文中提到的"转训"也是此理。

当然，想多了属于心理问题，需要不断地正向引导；而讲少了则属于经验问题，需要不断地积少成多、博观约取、厚积薄发。

三、怯场"四怕"

怯场，说白了就是害怕，严重点叫恐惧。经过多年教学实践，我们总结了害怕的 4 类情形：怕讲错、怕丢脸、怕拒绝、怕失控。不过，怕是解决不了任何问题的，甚至俗话常说"怕什么，来什么"。

患得患失

小的时候，我们学骑自行车，在必经的路途中遇到一个大坑，总是会告诫自己——"千万别掉下去、千万别掉下去"。然而，结果呢？不出所料，真的掉进坑里去了，这是为什么呢？因为此时人的所有注意力都在坑上了，是自己把自己"坑"

进去了。墨菲定律告诉我们，“你担心坏的事情会发生，它通常就会发生”。所以，“怕”是解决不了任何问题的。

当然，怯场所担心的事情一般都还没有发生，只是担心而已，理论上属于心病。俗话说，“心病还需心药医”，我们不妨换个角度看待问题，给自己一些正面的心理暗示，从而正向引导自己的积极心态。

（一）怕讲错

“没有人知道我讲什么，我只讲我知道的内容”。遵循“正为先，顺为主”的思想，即先保证正确，再考虑是否顺畅。“闻道有先后，术业有专攻”，作为培训师，组织和学员看重的是培训师对知识的解读和自身的实践经验，而这些知识和经验其实都来源于亲身的经历，培训师讲自己知道的事情，还有何错可怕呢？

“我讲的东西大家不知道”

有一位资历尚浅、经验不足的培训师，某一次接到客户的邀约去该客户的公司授课。为了保证授课效果，客户方的培训经理向该培训师提了一个问题：您的年龄比学员小、您的工作经验比学员少、您的管理层级比学员低，请问您在面对学员时如何应对他们？

原来，这是一位刚刚出道不久的新人培训师。我们可以试想一下，如果这位培训师在课堂呈现时心里一直放不下这个问题，我想他在看任何一位学员时一定是眼神怯怯的，仿佛随时会露出马脚和破绽一样，好像是《皇帝的新装》中的皇帝一样。

事实上，这位培训师只说了一句话——“我讲的东西大家不知道”，就完结了所有的问题。结果，证明他是对的。

（二）怕丢脸

“我没‘面子’，我是来挣‘面子’的，讲的好就自然有‘面子’”，“面子”是课堂上学员反馈最多、最害怕丢掉的东西。其实，不仅仅是课堂上的学员，恐怕现实生活中的许多人都有害怕丢掉“面子”的心结吧，因为“面子”有时代表着尊严、身份、地位、成就。可是，大家想过没有——“面子”从何而来？其实，我们熟知的许多成功人士在创业之初是非常没有“面子”的。

宠辱不惊

相声演员郭德纲 2003 年曾应聘安徽卫视《超级大赢家》节目主持人，节目组为了考验他能否当主持人，提出了一个挑战项目，把他安排在商场的玻璃展示柜里 48 小时。商场位于合肥的闹市，夏日炎炎，他不仅要“展示自己是块当主持的料”，还要在闷热的玻璃柜里吃饭、睡觉整两天，毫无隐私。多年以后，郭德纲认为正是当年没有“面子”的经历成就了自己有“面子”的今天。

培训师登台授课有顾虑无可厚非，只是不能让担忧和顾虑影响了自己的正常授课。培训高手并不是天生的，老司机也是从新手过来的，要想有“面子”就得积极主动地去挣“面子”：课前准备得更充分，课上演绎得更生动，课后总结回顾得更全面，帮助学员更好地成长。学员的进步是培训师最大的“面子”。

（三）怕拒绝

要开放，更要接纳，“我可以接纳学员所有的表现，学员有异常不一定都是我讲得不好，或许是因为某些客观原因所致呢”。

培训师在授课中会遇到很多的异常、突发情况，比如学员在课堂上睡觉，很多内训师都和我反馈过这一点。请注意，“没有问题学员，只有学员的问题”。学员在课堂上睡觉难道一定是培训师讲得不好吗？人脑和电脑一样，有什么样的输入就有什么样的输出，如果你认为是自己的原因，那么，恐怕你只会朝着自己认为的不好的方向去想了。反之，你可以换个角度考虑问题，“张三在课堂上睡觉会不会是因为他昨晚上夜班了”，“李四是不是昨晚家里有突发事情，没有休息好，所以在课堂上睡觉呢”。

事实上，我通过复盘自己的多年教学经历后发现，几乎没有学员带着极大的怨气或情绪来上课的。也就是说，没有“问题学员”。很可能是培训师没有及时关注到“学员的问题”，从而为后面的冲突埋下了隐患。所以，面对学员的非正常现象，培训师可以换个角度思考，“会不会是学员个人有什么状况？我得接纳学员的所有状况”。当然，对于学员在课堂上睡觉这个问题，作为培训师一定要先做到“身正”，讲授之时要不断地与学员积极互动，引导学员积极思考，帮助学员积极参与互动活动，让他们主动地避免打瞌睡。

另外，如果你在课堂上真的遇到在睡觉的学员，可以尝试下面 3 个办法“唤醒”他们。

①震醒。你可以不断地通过拍桌子、鼓掌、问候等动作来震醒学员，做到“逢冰必破，一动就破”。

②动醒。借助“讲、演、练、评”，让学员互动起来，通过肢体动作让他们赶走瞌睡虫。

③提醒。你可以利用眼神、手势引导睡觉学员周边的学员，让他们提醒一下熟睡中的学员。

（四）怕失控

与其怕失控，不如主动掌控，时时、事事有控场意识，避免被动地等待异常状况的出现。

头悬梁

孙敬是汉朝信都（今冀州市）人。他年少好学，博闻强识，而且嗜书如命，晚上看书学习常常通宵达旦，邻里们都称他为“闭户先生”。

孙敬读书时，随时记笔记，常常看书看到后半夜。时间长了，有时不免打起瞌睡来，一觉醒来又懊悔不已。

一天，孙敬抬头苦思的时候，目光停留在房梁上，顿时眼前一亮。他随即找来一根绳子，绳子的一头拴在房梁上，下边这头就跟自己的头发拴在一起。这样，每当他累了、困了想打瞌睡时，只要一低头，绳子就会猛地拽一下他的头发，接踵而来的疼痛就会让他惊醒从而赶走睡意。从此以后，他每天晚上读书时都用这种办法逼自己发奋苦读。

年复一年地刻苦学习，使孙敬成为一名通晓古今的大学问家，在当时江淮以北颇有名气，常有不远千里的学子找他求学解疑、讨论学问。

锥刺股

战国时期的苏秦是出名的政治家。他在年轻时曾到好多地方做事，由于学问不深，都不受重视。回家后，家人对他也很冷淡，瞧不起他。这对他的刺激很大，所以，他决心要发奋读书。

苏秦常常读书到深夜，想睡觉时，一打瞌睡，就拿一把锥子往大腿上扎一下。这样，猛然间的疼痛让他疼醒，睡意全无，他就再坚持读书。

上面两个典故中的主人公便是有了主动掌控的意识。培训师在授课中害怕失控则需要积极主动去掌控场面，利用问候、鼓掌、拍桌子时时

“异声扰场”；利用鲍勃·派克的“90–20–8”法则来掌控现场的情形——每 90 分钟休息一次、每 20 分钟换个话题或讲授一个新的知识点、每 8 分钟利用感性资源调动一下学员的积极性；利用“眼勾”“手抓”“话打”“声拉”（本书第四章会详述这些内容）来实施全场掌控。

总之，培训师要通过不断地心理暗示，给自己更多积极正面的“输入”，在课堂呈现时自然才会有更多如自己所愿的“输出”。

四、压力分散

怯场“四怕”只能解决因为心理原因而导致的过度紧张，并不意味着只要怯场了默念怯场“四怕”进行心理疏导就可以了，在课堂呈现中还需要借助特定的技术来分散压力。从培训师可控的角度出发，我们可以把压力分散给以下 4 类对象：环境，内容，学员，自己。

（一）环境

人在陌生的环境更容易局促不安，比如去异地出差或旅行，所以，培训师开讲之前一定要先熟悉培训场地。通常，我建议提前一天确认现场布置，开讲当天至少要提前 30 分钟到达现场，熟悉场地、设备，与早到的学员交流沟通，顺便重点培养几位“课托”，以便在课堂互动中带动大家积极参与。讲授重要内容前，可以借助游戏、活动等互动环节来舒缓过度紧张的情绪，不要一上来就讲课，先让大家动起来，做到“逢冰必破，一动就破”，有效“破冰”后再循序渐进地讲授新知识。

擦不掉痕迹的白板

有一次，我去某银行授课，提前一天到达现场，在调试培训设备过程中发现，该银行准备的白板此前遗留的板书非常难擦除，几个学员轮番上阵也不行。我心想：这不应该啊，使用了那么多的白板，第一次碰到擦不掉痕迹的情况。经过仔细观察，我发现：原来这是一块新买来的白板，覆盖在板上的薄膜没有揭下，因为太新的缘故，不注意的话，还真发现不了。揭下了薄膜后，自然是想擦哪里擦哪里。试想：如果我第二天上课正好需要擦白板，可是使出浑身解数也擦不掉，紧张的情绪是不是就自然而然的产生了？

类似上面例子中教学设备“故障”导致的过度紧张不在少数，所以，做到事先准备，才能有备无患，要懂得把压力分散给环境。

（二）内容

我们在前文谈到了“培训师对于讲述内容的熟悉程度决定了紧张的程度”的问题，这就需要在培训之前对于讲述内容做充分准备，大家应该非常容易理解这一点，正所谓“精彩是准备出来的，效果是设计出来的，内容是配置出来的，互动是促动出来的”。只有熟悉将要讲述的内容，做到“心中有数，手上有‘术’”，才能像卖油翁一样得心应手、收放自如，课前的配置表（后文会专门讲授）则是把压力分散给内容的不二选择。

以终为始

尽管时隔多年，我第一次正式地登台培训的情形仍然历历在目。2001 年，我第一次受朋友之托为她当时兼职的直销团队提供培训。考虑到经验不足，我事先和朋友约定好人数要控制在七八人的小范围内，课时最好为 2 小时左右。

很快到了约定的日期，走进培训地点的时候，可以用“惊呆了”来形容当时的我，培训现场的人群是黑压压一片，少说也得有五六十人。第一次登台就要见识这么大的场面，我真的被吓到了，当时心里就打起了退堂鼓。当然，我也知道

"临阵脱逃"是不可能的，便硬着头皮上去讲课了。好在我课前进行了充分、认真的准备，讲什么、怎么讲，什么地方设置互动和练习，都有计划和安排。因为有周密的计划和充分的准备做依仗，我最终在压力山大的情形下愉快地度过了职业生涯的第一次登台讲课历程。

直到今天，我仍然坚持"永远把这堂课当成第一堂课来讲"的工作态度来认真地做好课前准备工作，用如履薄冰、战战兢兢的心态来对待每一次新的授课，把压力变成动力。

（三）学员

面对成千上万的学员，大家或多或少都会产生紧张的情绪，那么，如果你面对空无一人的培训教室会紧张吗？应该是不会了。换句话说，培训师的压力很大一部分来自于学员，尤其是高手学员和领导学员。既然压力来自于学员，就可以用之于学员，正如我们常见的场景：歌手在演唱会现场演唱、表演，每当忘词了或唱不动的时候，总会拿出必杀技——"大家一起来"，瞬间化尴尬为互动，有效地分散了自身的压力。所以，多提问、多互动是分散压力给学员的有效方式。变讲为问既是我研发的独门教程的"四大法宝"之一，又是压力分散给学员的首选方法，相关内容将在第四章专门阐述。

"忘词大王"的心声

被戏称为"忘词大王"的歌手周华健在录制《非常静距离》节目时，有歌迷要求现场点歌考验他的记性，周华健唱到一半果然卡壳，被当场抓了个"现行"。周华健在现场坦陈：自己确实有忘歌词的"老毛病"，特别是在演唱会上和歌迷互动的时候，只要一激动，立马忘词。"还好，每当忘词的时候，我会请歌迷一起互动，借这个机会再看提词器"，周华健如是说。

（四）自己

这里的自己特指课前的自己，正如所有的奥运冠军获得者一样，参赛之前已经把同一个（套）动作练习到了滚瓜烂熟、炉火纯青的地步，只要没睡着，凭借“肌肉记忆”即可完成相应动作。培训师亦是如此，登台之前通过反复练习，对于讲授内容烂熟于胸，台上表达自然瓜熟蒂落、水到渠成。

庖丁解牛

只见庖丁用手按着牛，用肩靠着牛，用脚踩着牛，用膝盖抵着牛，动作极其熟练自如。他将屠刀刺入牛身时的那种皮肉与筋骨剥离的声音与运刀时的动作互相配合，显得是那样的和谐一致。他那宰牛时的动作就像踏着商汤时代的乐曲《桑林》起舞一般，而解牛时发出的声响也与尧乐《经首》十分合拍。站在一旁的文惠君不觉看呆了，禁不住高声赞叹：啊呀，真了不起！你宰牛的技术怎么会这么高超呢？

庖丁见问，放下屠刀，对文惠君说：我做事比较喜欢探究事物的规律，因为这比一般的技术、技巧要更高一筹。我在刚开始学宰牛时，因为不了解牛的身体构造，眼前所见无非就是一头头庞大的牛。等到我有了3年的宰牛经历以后，对牛的构造就完全了解了。我再看牛时，出现在眼前的就不再是一头整牛，而是许多可以拆卸下来的牛的“零部件”了！现在，我就只需用心灵去感触牛，而不必用眼睛去看它。我知道牛的什么地方可以下刀、什么地方不能下刀。我可以娴熟自如地按照牛的天然构造，将刀直接刺入其筋骨相连的空隙之处，利用这些空隙便不会让屠刀受到丝毫损伤。我既然连骨肉相连的部件都不会去硬碰，更何况大的盘结骨呢？一个技术高明的厨师因为是用刀割肉，一般需要一年换一把刀；而更多的厨工则是用刀去砍骨头，所以他们一个月就要换一把刀。我的这把刀已经用了 19 年了，宰杀过的牛不下千头，可是刀口还像刚在磨刀石上磨过一样的锋利。这是为什么呢？因为牛的骨节处有空隙，而刀口又很薄，我用极薄的刀锋插入牛骨的间隙，自然显得宽绰而游刃有余了。所以，我这把用了 19 年的刀还像刚磨过的新刀一样。尽管如此，每当我遇到筋骨交错的地方，也常常感到难以下手，这时就要特别警惕，瞪大眼睛，动作放慢，用力要轻，等到找到了关键部位，一刀下去就能将牛剖开，使其像泥土一样摊在地上。宰牛完毕，我提着刀站立起来，环顾四周，不免志得意满、浑身畅快。然后，我就将刀擦拭干净，置于刀鞘之中，以备下次再用。

文惠君听了庖丁的这一席话，连连点头，似有所悟地说：好啊，我听了您的这番金玉良言，还学到了不少修身养性的道理呢！

与本节相关的语感口诀如下所述。

正为先，顺为主。

想多了，讲少了。

心中有数，手上有“术”。

“逢冰必破，一动就破。”

紧张人人有，不露是高手。

没有问题学员，只有学员问题。

准备比资历重要，资历是长期的准备。

精彩是准备出来的，效果是设计出来的，

内容是配置出来的，互动是促动出来的。

第三节　形象管理

一、“职业装”

古语有云，“人靠衣装，佛靠金装”，培训师也要有“职业装”的意识——“凡是有人的地方，你就是培训师”。培训师每次登台授课，需要从头到脚、从内到外“修饰”自己。当然，培训师不是职业模特，更不用刻意穿金戴银“粉饰”自己，着装做到“三不、四一体”即可，“三不”是不怪异、不轻佻、不拘泥，“四一体”是“与环境、内容、学员、自己融为一体”。虽然是“装”，不过培训师讲授的内容是真实的，态度是真诚的，只不过“装”的是腔调，“作”的是姿态。

（一）“三不”原则

①不怪异：不穿奇装异服。通常来说，着装分为 4 个层级，即家居服、休闲装、商务装、正装，培训师的着装只要高学员一个层级就达标了。

“大师”与新人的区别

经常听到学员这样的反馈：“老师，我怎么经常看到一些‘大师’穿着休闲装在培训呢？乔布斯不也穿着牛仔裤和 T 恤出席苹果手机的发布会并登台演讲吗？”我一般这样回应学员：“如果今天你也是‘大师’，你也可以穿着随意，学员更多关注的是你的培训内容，吸引大家的可能是你作为‘大师’能提出有价值的见解。可是，如果你还是个‘在路上’的培训新人，只能规规矩矩、按部就班地来。”

②不轻佻：培训师着装应该该长的长、该短的短，不能过分暴露，尤其是女性培训师不能因着装夸张而让前几排的同学不敢抬头。

着装的影响

前些年，我一直在为“礼仪培训师认证班”讲授 TTT 并担任考核评委。当时，这个班美女云集，有许多是退役和现役的“空姐”、高校教师、时尚行业从业者，在考核环节就出现过一些尴尬的情形：有的培训师在考核环节讲授礼仪中的蹲姿礼仪和坐姿礼仪，或许是服装准备不周全，或许是演绎得稍为夸张一些，容易出现“走光”现象。可以想象一下，坐在评委席上的男性老师就不好意思抬头了，自然就影响了最终的评分了。

③不拘泥：培训师着装的数量、颜色、款式等应与培训主题、场合等融合，不用过度拘泥于形象本身，总是一本正经的穿正装。记住一个原则：比学员高一个层级就达标了。

有人曾经开玩笑说：夏天看见穿西装、打领带的人，一般情况下，不是做销售的人员，就是培训师。这话说得有些道理。当然，培训师之所以不畏严寒酷暑穿着彬彬有礼其实还是为了尊重学员。那么，三伏天也一定要穿西装吗？答案是“未必”。正如前文所言，比学员高出一个层级即可，不用刻意裹得严严实实。我想：学员也会理解的，正所谓“己所不欲，勿施于人”嘛。

（二）“四一体”原则

①环境：培训现场的布置、氛围与培训师的着装息息相关。比如，央企的培训现场需要培训师着装相对正式、严谨、规范一些，外企的课堂则要培训师的着装相对活跃、开放、自然一些；技术类课程着装要低

调一些，管理类课程着装要鲜亮一点；等等。

②内容：培训师的着装自然与所讲授的内容贴合，不说非得要“人、课合一”，至少两者之间不冲突。比如，厦门大学教授易中天在央视《百家讲坛》节目讲“品三国”时穿着中山装，如果改为穿着燕尾服恐怕就要贻笑大方了。

“因课而异”

以前讲授“性格色彩”这门课程时，通过性格测试，大家“领”到了性格对应的颜色，为了让学员更好地融入和参与进来，我鼓励大家第二天按照自己平时的喜好来穿着衣服。第二天上课时，有穿牛仔裤的，有穿圆领T恤的，有穿人字拖的，还有穿大裤头的，作为老师的我也穿着休闲，大家的衣着都非常接地气。当然，在轻松的氛围中，大家就更放松了，投入参与的力度空前，培训效果就不言而喻了。

③学员：除了着装高学员一个层级外，培训师的着装与学员的整体着装风格、学员的性别占比、性格类型偏向等都密不可分。

通常，内向型的学员着装以深色系为主，比较中规中矩，这样一来，培训老师也得配合他们的“规范”。否则，会让他们觉得培训老师轻浮，容易控不住场。外向型性格学员的着装风格以自己喜好的颜色和款式为主，通常会休闲、夸张一点，从而彰显“存在感”，他们也希望老师能“同流”，这样才能“交流”。

④自己：这是最关键的一点，毕竟培训师的衣服是穿在自己身上的嘛，合身、彰显自己的气质就变得格外重要了。

以己度人

相传，有一位教授接到一个独特的演讲邀请，独特之处在于发出邀请的是一个原始部落，那里的人都习惯不穿衣服，教授自从接到邀约就一直纠结“演讲那天我穿不穿衣服”的问题。经过几天激烈的思想斗争，最终，教授选择了穿衣服的选项。

演讲当天，教授穿戴整齐，来到了舞台上。舞台前面是一块巨大的幕布，讲授正在幕布后面做着最后开讲的准备时突然想到：大家都不穿衣服，我是不是应该脱掉衣服呢。冒出这样的想法，很明显，教授开始否定之前自己穿衣服的决定了。时间紧，由不得教授太多思考，他决定不穿衣服了。于是，教授三下五除二脱了个精光，正好赶上幕布缓缓拉开，放眼望去，底下黑压压一片穿戴整齐的观众……

上面案例中的场面虽然异常尴尬，甚至让那位教授感觉“生不如死”，但读到这段文字的读者朋友们有没有感觉到一丝丝暖意和感动呢？培训师不论如何着装，只要能做到尊重学员那就是最棒的。

（三）着装禁忌

下面是我归纳的培训师着装比较容易出现的4个问题禁忌，请大家要格外注意。

①西装袖标未去除。西装袖口附近通常会有一个3厘米左右的袖标，标明西装的品牌和材质，如果不去除的话，则表示它仍然是一件商品，那穿着的人就是模特了。有人说：那挺好啊，我还要成为国际超模呢！想得美啊，塑料人也是模特，你总不想成为那样的人吧？所以，新买的西装，袖标一定要去除。

②领带的位置太靠上或太靠下。有的培训师个头高，打出的领带特别短，吊在胸前大煞风景；有些培训师个头矮，领带则一直垂到小腹下方，有些头重脚轻。男性培训师佩戴领带主要出于礼仪的需要，不过，腰带是男士身份、品位的象征，而腰带的价值主要还是靠腰带头来显现，

如果领带遮住了腰带头，那么，你系着爱马仕和布条就属于同样的效果了。一般而言，领带的最前端（箭头）位置在腰带头的上方为好，以搭在腰带头但不遮住腰带头的位置最为适宜。

③女培训师的长筒袜有破损。女性的职业服装是套裙，女培训师穿套裙时一般要穿长筒袜。有的时候，可能是因为长筒袜易损或自己没注意,经常有女培训师穿着带洞的长筒袜或抽丝的长筒袜授课的情形发生。所以，我建议女性培训师要随身准备一双长筒袜以便应急使用，尤其是去较远的地方（同城）或异地授课，请务必备上几双长筒袜以防万一。

④饰品过多、过杂。有人说：我是土豪，我愿意多戴几个戒指、几条项链、几只手镯不可以吗？可以是可以，但就是有点过头。另外，如果你 5 根手指上分别戴着黄金的、铂金的、翡翠的、玛瑙的、白银的戒指，那就乱套了。礼仪的相关规范告诉我们：一个人所有的饰品需保持“同一质地、同一属性”的原则。也就是说，你可以每根手指都戴黄金的或铂金的戒指，只要你乐意。

二、“风范七法”

风范架势是培训师的基本功，好比习武之人扎马步、站梅花桩，下盘不稳，师父是不会教你上乘武功的。对于培训师而言，不论你是企业内训师还是商业讲师，风范架势都是无法回避的必备功课。老话说，“行家一出手，就知有没有”，培训师的言行之举关乎自身形象。

阅读过武侠小说的读者朋友都知道：在武林中要想习得上乘武功，叱咤江湖甚至虎啸一方，一般是通过两种途径来实现的。第一种途径是上深山老林找世外高人指点迷津，但这种方式一般无法速成，需要从劈柴、挑水、扎马步开始，或许是数年以后，师父才会把武功绝学传授于你，师父总是强调基本功的重要性。第二种途径相对比较快且是无数习武之人梦寐以求的，那就是：有一天，一不小心掉到了山崖下面或深洞里面，发现墙上密密麻麻写满了武功秘籍，于是乎，不吃不喝开始研习绝学，很快，一代宗师一飞冲天、扬名立万了。由此可见，对于习武之人来说，基本功和武功秘籍二者不可或缺，培训师亦是如此。所以，在风范架势部分，我不仅要告诉大家该做那些基本功，更要给予大家“武功秘籍”，帮助大家成为一代“宗师”——优秀培训师。下面是我总结的培训师“风范七法”，我们一一讲解。

（一）身法

①原则：聚精会神，身体昂扬向上。身法需要传递给学员积极向上的良好精神面貌的感觉。

②要领：上挺下压、左右相夹；正面朝人，昂扬向上；光彩夺目的正面，回味无穷的背影；虎口贴裤缝，男抱女夹（男士打开、女士内收）。

③“持麦”：一折、二移、三翻、四展。用于持麦克风的手好比是麦克风架子，方便培训师对着其说话，距离和高度取决于培训师的个人情况。通常，手持麦克风的下部三分之一处，利用拇指、食指、小指呈三角形握住麦克风，是 3 根手指拿住麦克风，而不是满把攥住麦克风。然后，通过说话或吹气的方式来测试麦克风的音量和开关是否完好、灵敏。“持麦”常见错误现象：培训师手持麦克风的上部三分之一处，也就是接收器的位置，仿佛是明星在开演唱会；培训师手持麦克风的上部三分之二处，有点像做报告、述职；培训师双手紧握麦克风，表明其内心情绪起伏波动很大；培训师测试麦克风的开关和音量大小用手击打……以上这些动作都不太规范，培训师要尽量避免犯这些错误。

（二）手法

①原则：大开大合，动静得宜。要做大姿势，避免小动作，尤其是频繁挥动手势的样子有点走火入魔的感觉，甚至无法掌控自己的双手，总是动来动去。

②要领：出手不收手，贴词不贴句；涵盖 3 句话，分次完成；左右不交叉，上下不越界。

③常见错误现象：未持麦克风的手总是频繁地动来动去，急、促、短、频、快；手势过于夸张，指示 PPT 时交叉于胸前；持激光笔（翻页器）的手一直摁亮激光笔且无意识地晃动。

（三）步法

①原则：规行矩步，移动有向；与学员保持合理步距，不要快速靠近学员。

②要领：3 步一停、步步为营；平立等肩宽；前行 3 步为学员，后退 3 步为讲台。

③常见错误现象：内向型培训师会无意识地来回踱步，如同影视剧中的私塾老先生；外向型培训师会来回地游荡，仿佛被打了过多“鸡血”的演讲者；移动过程中，注意力不集中，不时撞到、撞倒物品。

（四）眼法

①原则：针对交流，出神入化，“我的眼里只有你”，利用“盯人”战术激起学员的反应。

②要领：左右夹中间，后面带前面，一人一层，有应必返，不扫视、不虚视、不俯视、不斜视、不逼视。

③常见错误现象：明明是一句话，可偏偏要对着几个方向的几个人说话；不敢看人，尤其是异性；只关注眼前的人或与自己积极互动的人；提出问题之后，没有及时的“盯人”；目中无人，只关注 PPT。

（五）听法

①原则：道听途说，贴近听远，及时关注学员的反应和动态。

②要领：讲述之时，眼观六路、耳听八方；观此听彼，听言察行。

③常见错误现象：只是一味地自说自话，不顾学员的反应；对于学员的反馈假装听不见或视而不见；有选择性的回答部分学员的提问或只与部分学员互动；学员出现异常情形不予干涉、提醒，比如学员说话、睡觉、搞小动作等。

（六）说法

①原则：语境造心境，弱气息，吐字归音；抑扬顿挫，轻重缓急；记录自己的说话速度，不要滔滔不绝，要追求实实在在；当自己停止说话，要让学员开始思考。

②要领：断断续续，三五成群，一口一重音。

③常见错误现象：畅、快、硬、平、滞（后文会有专门阐述）；没有反映出语言和语句本身的意境，所有的表达都是一个腔调（“味道”），好比炒菜不放作料；语速偏快，缺乏必要的停顿；表达时一口气吐字太多，长句太长，说话缺乏重点。

（七）心法

①原则：“装腔作势”，“姿态刻意”，“装”的是腔调，“作”的是态势；真传一句话，假传万卷书。

②要领：平时育习惯，用时显风范；有用则有用，无用则无用。

③常见错误现象：扭扭捏捏，不好意思，放不下架子，总觉得培训是在作秀；大大咧咧，只注重内容，不在乎演绎。

三、“板、散结合”

（一）情绪语言

“语重心长”

话说有一外国友人苦学汉语4年，终于学有所成，他很是好奇："都说汉语难学，不知道我现在的水平大概能达到什么样的级别。"于是，他找一权威机构进行汉语能力等级测试。拿到测试题瞄了一眼，心中暗喜，因为试卷上面只有4道题。然而，让人意想不到的是：外国友人把试卷从头看到尾，再从尾看到头，最后泪流满面地交了白卷回国了。外国友人看到的4道试题分别是什么呢？只见试卷上面写着：请读出下面两句话的区别在哪里？①冬天，能穿多少穿多少；夏天，能穿多少穿多少。②"剩女"产生的原因有两个，一是谁都看不上，二是谁都看不上。③女孩给男朋友打电话，如果你到了，我还没到，你就等着吧；如果我到了，你还没到，你就等着吧。④单身的原因：原来是喜欢一个人，现在是喜欢一个人。

当然，上面的故事只是一个"段子"。不过，虽然是"段子"，但在实际教学中，我经常拿这段文字来测试学员，结果是大多数学员也如同上文故事中的外国友人一般束手无策。究其原因，很多学员没有真正把握语言本身的情绪和意境。

①情绪。比如轻重缓急这4个字，在表达呈现中就不能语调平缓的读，"轻"自然要轻声读；"重"就得重音读；"缓"要慢一点，读出来有点缓缓而来的味道；"急"需要快点读，反映出急促的感觉。

②意境。汉语博大精深，不过，即使再复杂的表述，也是由一个一个的字、词及标点符号组成的，每个句子中至少会有一个表达者想重点强调的点，那么，重读就必不可少。

烘云托月

"我有时喜欢一个人静静地思考"，这句话的核心关键词是"思考"，前面的字、词为修饰性的定语，根据表达者的强调点不同，可以分别加重音于“有时”“喜欢”“一个人”“静静地”。有的读者朋友会问：“全部加重音可不可以？”答案是“可以”。不过，那样的话，表明的是一种震惊、恐惧、愤怒的意境了，也就是有了否定的意味，除非表达者是这样寓意的，否则就不可以全部重音读。

由上面的论述可知，表达者最起码的表达技巧是能把语言本身的意境表达出来；反之，就像没有放任何调味料的餐食，吃当然是能吃，好不好吃只能取决于食材自身的汁味了。

表达中的情绪语言除了单纯的字意、词意之外，所要表达的内容本身也应根据背景设定不同而随机应变。比如，技术技能类课程的特点是严谨、理性、客观，情感色彩不会过于凸显，这就要求表达不能过快或过慢、过轻或过重；通用类课程则有明显的情感背景，表达中则需要依据背景情感而适时变化。

（二）拿捏有度

了解了表达中的情绪语言，培训师就不可以千篇一律地用一个调调表达了，那么，怎么做才能有效地把握其间的轻重缓急和独特意境呢？这就需要我们在上课之前做充分的准备了，把握表达的独特意境需要培训师的平时积累和良好的文化底蕴做基础，要养成阅读习惯，就是常言说的“读万卷书，行万里路”“博观约取，厚积薄发”的意思；而表达本身的轻重缓急，可以通过培训师发音方式的不同来呈现，这自然也需要平时多练习、准备。对于发声技巧而言，我们有时需要运用“区分”的技术来体现轻重缓急。一般而言，人们会有 3 种正常的发声方式：真声——声带完全打开、震动，发出的声音振聋发聩；假声——利用气息发出声音，有点压低嗓门说悄悄话的味道；真假声——介于真声与假声之间，比真声弱、比假声强，又叫“弱气息发声法”。

总而言之，培训师在授课时需要对于表述的内容进行意境和寓意的区分，利用发声技巧体现出轻重缓急，分寸的拿捏、尺度的把握需要培训师因文而异，正如相声、小品、二人转、评书等曲艺节目一样，大多也是演员通过断字断句、有重必停、抑扬顿挫而营造的一幅幅栩栩如生、惟妙惟肖的画面感极强的场景。

（三）表达禁忌

1. 畅

培训现场，我曾经多次问学员：“培训师授课非常流畅好不好？”想必大家已经知道了答案——“好”。其实，流畅非常不好，原因也很简单，各位读者朋友可以想象一下，当培训师在台上滔滔不绝、流畅无比的讲授课程时，学员能跟得上培训师的节奏吗？不给学员留下反应的时间，你怎么知道你讲授的内容一定是学员需要的呢？所以，我们常讲“当老师开始说话，学员停止思考；当老师停止说话，学员开始思考”。培训师表达过于流畅，留给学员思考和反应的时间就越少，就容易出现鸡同鸭讲、讲和听“两张皮”的现象。

与日俱进

影片《国王的演讲》广受赞誉，故事讲述了英王次子（后来的乔治六世）患有口吃病，并且他只要说话越快就越严重，在语言治疗师莱昂纳尔·罗格的帮助下，他重拾信心，发表演讲，成为英伦人民对抗法西斯的精神代表。这部励志电影给予无数想学会演讲技巧的朋友以极大的鼓舞和信心。其实，就治疗师个人来讲，他并没有给予国王多么先进的工具和方法，更多还是在引导国王——放轻松、说慢点、多想象、相信我。在治疗师的循循善诱下，国王每天进步一点点，完成了他最重要的一次演讲，最终突破了自我、超越了自我。

我在前文讲述“风范七法”时也提到了“断断续续，三五成群”的核心理念，说的也是这个道理。培训师表达忌讳畅，要懂得适时停顿，给学员思考和反应留下足够的时间。

2. 快

年长学员的瓶颈

有一次，我为某银行天津学院党员干部班培训 TTT，来的学员多数为年长干部。授课过程中，我注意到一位年纪大约 50 岁的学员始终目不转睛地盯着我，听得异常投入并频频点头，当时的我心里美滋滋的。课间休息时，这位学员来到我面前：“老师，不知道您晚上有没有时间，想单独咨询您几个问题？”看到年长的学员如此真诚，我无法拒绝。晚上听完这位学员的叙述之后，我才恍然大悟，明白了他如此投入的缘故。原来，这位学员是该银行某分行的一位正科级领导，每次晋级演讲后总是名落孙山，心中很是着急。我请他带着演讲稿重新模拟一次演讲，并且为他掐表计时。令人想不到的是，语速很快的情况下，5 分钟的限时演讲，他也只能读完四分之三的内容。在实际晋级演讲中，为了把所有准备内容读完，只能用飞快来形容他的演讲速度了，很多重点内容根本来不及呈现，评委也听不清，结果可想而知了。

既然不能快，能不能一个字一个字地读出来呢？肯定不行，请注意表达中的快和慢是相对的，凡是想要重点强调的关键字或词就得慢，反之，快一点儿也没有关系。换句话说，要懂得在关键字、词前面停顿，做到“有重必停”。

快而不乱

蒸羊羔、蒸熊掌、蒸鹿尾儿、烧花鸭、烧雏鸡、烧子鹅、卤猪、卤鸭、酱鸡、腊肉、松花、小肚儿、晾肉、香肠儿、什锦苏盘儿、熏鸡白肚儿、清蒸八宝猪、江米酿鸭子、罐儿野鸡、罐儿鹌鹑、卤什件儿、卤子鹅、山鸡、兔脯、菜蟒、银鱼、清蒸哈什蚂、卤鸭腰儿、烩条儿、清拌腰丝儿、黄心管儿、卤白鳝、焖黄鳝、豆豉鲇鱼、锅烧鲤鱼……

上面这段话，喜欢相声的读者朋友应该比较熟悉，来自相声名段《报菜名》，运用的技术是相声的一个绝活——“贯口”。“贯口”的语气节奏感比较强，特别到速度快的时候，这段“贯口”已进入高潮，演员的功力就在发音、吐字是不是清晰、准确上表现出来了。“贯口”虽快，但一般都是快而不乱，听着清晰。所以，培训师表达禁忌中的快是个相对问题，说到关键的字和词则需要慢一点，通常我们建议表达的语速区间为每分钟 180 ～ 200 字。

3.“硬”

培训师，尤其是新手培训师，登台经验有限，表达呈现时比较容易出现“硬”的情况。“硬”一般分为两种，一种是真的“硬”，另一种“硬”则是走上了反向极端。比如前面案例中的银行领导，他当时是这么表达的——“尊敬的各位领导、各位同事，大家好！我叫 ×××，今年 ×× 岁，我 ×××× 年 × 月进入银行从事 ××× 工作，×××× 年 × 月到 ×××× 年 × 月我又在做 ××× 工作”。这听着就是明显的汇报腔、流水账，这样的表达语气上就偏“硬”了，让听者听着有点不舒服，感觉他的语气不够自然。另外一种走上了反向极端的“硬”则又是另外一种情形，我们来看下面这个案例。

矫揉造作

“亲爱的同学们、小伙伴们，大家好！我是你们的 × 老师，我今天要和大家一起来学习……”

很多学员反映，听上面这位老师上课，感觉瞬间回到了幼儿园，她说话带有明显的朗诵腔，让人感觉不够真实。

培训师说话要自然、大方、得体，和学员的交流要像拉家常一样，要让学员有亲切、接地气、受关注、有帮助的良好感受。

4.“平”

飞机、高铁、出租车是职业培训师最常乘坐的交通工具。乘坐飞机，我通常会选择靠窗的位置，一来可以在脚边放电脑包（紧急出口和头等舱除外），二来可以眯一会儿，休息休息，舟车劳顿也是培训师这个职业的一大特色，所以，我们必须见缝插针地睡一会儿。乘坐过飞机的读者朋友都知道，尽管飞机起飞后轰鸣声一直很大，可当你困的时候，你依然能睡得着，这是为什么呢？原因在于：虽然飞机起飞后很吵，据说产生的声音能达到120分贝及以上，但只要飞机到了平飞阶段（又叫定速巡航），声音的分贝基本稳定于某个相对固定的区间之内，反倒是飞机起飞、降落、穿云层的时候不大容易睡得着，因为飞机的颠簸打破了原先的声音分贝区间。由此及彼，如果培训师说话的语调都在某一个相对固定的分贝区间，那么，恭喜你，祝贺你成为优秀的“催眠大师”了。学员睡着了，或许不是因为困了，而是你催眠功夫到家了。

避免“平”，需要培训师结合表达内容的情景和寓意，利用轻重缓急的发声技巧做到适时的停顿、强调等。

5. 滞

培训师授课时不能因为要停顿就随机、随意地停顿，这会产生不必要的歧义，是不可取的。比如，一名培训师这样对学员说：“大家好，欢迎大家来上海，我带大家到南京（此处有较长时间的停顿）路步行街转转。”好嘛，一下子把大家领到南京去了。培训师在授课讲话时要当断则断、当停则停，不能盲目、随意地停滞在不该停滞的地方。

四、成长模型

（一）4 个阶段

愈进愈难

有一次，我给国家电网有限公司的学员上课。课间休息的时候，有个学员凑到了我面前："刘老师，没跟您学习之前，我还敢登台讲课；跟您学习了才知道培训师这活儿不好干啊，搞得我都不会说话了。"

俗话说，"多年的媳妇熬成婆"，即使再厉害的培训师也是从新手开始成长的。刚开始做培训工作，大多数人更多的是靠观察前辈、自我总结、不断试错摸索前行的，缺乏标准、规范的指导，有些跟着感觉走的味道。如今，给予了大家规范和标准，一下子还不能适应，需要循序渐进、按部就班地走下去。培训师的成长并不是一蹴而就的，有个相对较长的过程，图 2–1 所示为培训师能力养成模型。

图 2–1　培训师能力养成模型

我们打个通俗易懂的比方来说明图 2–1。大家身边的亲戚朋友，大多数成年人都应该有机动车驾驶证，也就是驾照，或许有的人已经开了一二十年汽车了。但是，不管你是新司机还是老司机，大多数人的开车生涯总是从驾校学驾驶技术开始的，对吧？下面，我们回忆一下老司机的成长历程，以此说明培训师成长的 4 个阶段。

1. 常态随意不自觉

常态随意

当你还是孩童的时候，汽车对你而言只是一个大玩具而已。上车以后摁摁喇叭、转转方向盘、试试挂挡杆……直到被大人轰下车。此时的你相对于驾驶员这个角色，属于第一阶段——常态随意。也就是说，孩童的你与驾驶员没有一丁点儿关系。

作为“职场人”“打工人”，当你具备一定的工作经历后，作为内训师储备人选的你就有了登台分享的资本了。此时，你常常分享的是自己的成长经历、做某件事情的心得体会、做某项工作的复盘总结等。此时的分享可以信手拈来，可以天马行空，也可以不断试错。总之，能局限你的不多，更多的时候是“随心情”，这就和孩童上车“一顿操作猛如虎”同理。这个职场必经的阶段，我们称为常态随意不自觉，很多动作是下意识的，一切都是习惯使然。

2. 常态刻意不自然

下面，我们还以上个案例孩童与汽车的故事为背景阐述学习汽车驾驶技术与培训师成长阶段的关联。

刻意求工

故事还是接着上个案例讲述。后来，孩童的你长大了，想开车了，于是去驾校报名学习驾驶技术、考驾照。刚刚上教练车，你还不是一名合格、合法的驾驶员，因为你不会驾驶技术且没有驾照嘛，仍然属于常态的自然人。坐上教练车的驾驶座位，在教练的指导下按规矩开车，刻意求工。于是，你进入了第二个阶段——常态刻意。

“上坡起步”的尴尬瞬间

记得我自己学驾驶技术时，有一次教练教授我们“上坡起步”这一技术，教练说：“你们看好了，现在我们练习‘上坡起步’，车开到前面的标志点时，我说‘停’，你们要一踩离合、二踩刹车、三拉手刹，记住没有？”我们几个学员频频点头表示知道了。轮到我练习“上坡起步”时，真的是很紧张，生怕错过标志点。我小心翼翼地驾驶着汽车龟速行驶在坡道上，很快接近了标志点，侧耳等着教练喊“停”。等啊等啊，终于听到了教练喊“停”，我整个人像被定好程序的机器人一样，一踩离合、二踩刹车、三拉手刹。意想不到的一幕出现了，教练车的手刹手柄被我拉断了！刹那间，我呆若木鸡……

和学习汽车驾驶技术类似，伴随着在企业的历练、沉淀，作为内训师储备人选的你终于有机会参加企业组织的 TTT 类专业培训课程了，这时，你才逐渐明白：原来，作为培训师还有那么多的规范、技术、技巧、流程啊。于是，你开始矫正自己过往的错误做法和不良习惯。很显然，当时的你是不舒服的，毕竟要和自己较劲，这和自由自在的齐天大圣被套上紧箍咒有点类似。此时，作为培训师的你进入了第二个阶段——常态刻意不自然。

3.“职态”刻意养习惯

下面，我们还以上个案例学习汽车驾驶技术的故事为背景阐述学习汽车驾驶技术与培训师成长阶段的关联。

规行矩步

故事还是接着上个案例讲述。在驾校认真学习了一段时间，你学有所成，考取了驾照，成了合法的驾驶员。可是，此时的你也许还不是个技术合格（熟练）的驾驶员，上路还需要小心谨慎，刻意让自己养成良好的驾驶习惯。于是，你进入了第三个阶段——“职态”刻意。

人生第一辆汽车开回家的经历

经过6个月的勤学苦练，我终于考取了驾照，心里那种美滋滋的感觉无以言表。很快，我买了人生第一辆汽车。到了约定的提车日子，我早早地到了4S店，提车手续办妥之后，我就准备把车开回家了。我按照驾校教练教授的标准流程开始操作：一是绕车一圈，检查四周；二是上车调整座椅、后视镜；三是点火、踩离合；四是挂一挡、松离合、给油。结果，汽车往前冲了两下就熄火了，同样的动作重复了好几次还是如此。最后，我实在是没招了，邀请了一位朋友（老司机）帮忙开车回家。然后，找了一块空地，继续操练……

和刚考取驾照的新手司机类似，经过内训师认证的你并不意味着已经是一名称职的、标准的、专业的培训师，你需要在培训实践中不断地实践、反思、改善，再实践、再反思、再改善……“善无止境”。这就是培训师成长的第三个阶段——“职态”刻意养习惯。

4.“职态”随意真自然

下面，我们还以上个案例学习汽车驾驶技术的故事为背景阐述学习汽车驾驶技术与培训师成长阶段的关联。

自由自在

故事还是接着上个案例讲述。今天，你也许驾驶汽车10多年了，是一名老司机了。那么，你今天开车还像10多年前那样束手束脚吗？大多数人可能不会了，因为已经熟能生巧。

于是，你进入了第四个阶段——“职态”随意。最终，你从常态进入“职态”、从刻意变为随意。

培训师的成长和老司机的养成是一个道理。既然这样的话，我们就可以自我对照一下，看看当下的自己处于哪一个阶段，每个阶段的重点突破方向是什么，找到并打掉“天花板”，你距离称职的、优秀的、卓越的培训师就更进一步了。

（二）循序渐进

“10000 小时定律”是作家格拉德威尔在《异类》一书中提出的定律，“人们眼中的天才之所以卓越非凡，并非天资超人一等，而是付出了持续不断的努力。10000 个小时的锤炼是任何人从平凡变成世界级大师的必要条件”，他将此称为“10000 小时定律”。要成为某个领域的专家，需要 10000 个小时，按比例计算就是：如果每天工作 8 个小时，一周工作 5 天，那么，成为一个领域的专家至少需要 5 年。对于培训师来说，10000 个小时的工作经历是不可或缺的锤炼。我们常说“过程简单，结果负责；过程复杂，结果简单”，没有量变就不太可能会有质变。

持之以恒

田坛“飞人”刘翔，我们只看见他在赛场上风驰电掣，但为了赛场上的胜利，他从 7 岁开始苦练 19 年，不知跑了几个 10000 个小时、汗水流了几吨，也不知经历了多少挫折和失败，才换来了辉煌瞬间。

青岛港吊装大师许振超把吊装技术练得像绣花一样精细，多次在吊装技术比赛中技压群雄，多次打破世界港口吊装纪录。为了这“一招鲜”，他至少练了 30 年，足足有好几个 10000 个小时。

美国游泳好手麦克·菲尔普斯，除了手脚特长的天赋异禀之外，他还每天练习 8 个小时，全年无休，这样持续五六年方能缔造一人单届奥运会独得 8 块金牌的奥运奇迹。

培训师不仅仅要有 10000 个小时的教学实践，更重要的是要把每一次的授课都当成是第一次来对待，谨记“意识为关键技巧，态度乃最佳风范”“身正为师，学高为范”。只有厚积才能薄发；没有点的积累，就不会有面的收获。

与本节相关的语感口诀如下所述。

“板、散结合”，拿捏有度。

身正为师，学高为范。

水深则流缓，语迟则人贵。

平时育习惯，用时显风范。

有用则有用，无用则无用。

博观而约取，厚积而薄发。

意识为关键技巧，态度乃最佳风范。

过程简单，结果负责；过程复杂，结果简单。

常态随意不自觉，常态刻意不自然，

“职态”刻意养习惯，“职态”随意真自然。

第四节　课堂禁忌

古人云，“君子有所为，有所不为”，大意是品行高尚的人知道能做什么、不能做什么，能把握做事的原则和底线，对于培训师而言，亦是如此。

培训师在讲台上“叱咤风云”“快意恩仇”，但不意味着可以信口开河，在传道、授业、解惑的同时也得把握“度”，有所为、有所不为。培训师的不为表现为如下的“四大禁忌”：关系禁忌，行为禁忌，态度禁忌，内容禁忌。

一、关系禁忌

（一）不要妄自尊大

培训师与学员的关系，我们常用“老师是站着的学员，学员是坐着的老师”来概述。既然都是老师，那么，尊师重道就不要仅仅停留在嘴上，更要落实到行动上，从内心深处尊重每一位学员。

无巧不成书

有一次，我去东营为一家企业授课。原计划从上海飞青岛后坐机场大巴到东营，因为飞机晚点，没有赶上最后一班去东营的大巴，客户告诉我可以先坐到淄博的大巴在某地下车，他们再开车去接我。就这样，到了晚上七八点钟，我到了约定地点，与赶来碰面的企业方工作人员见了面。接头后，对方首先来了一句：“老师，您明天上课一定要低调一点啊！”我瞬间就一头雾水了，什么情况啊？不合规矩啊，你可以问寒、问暖、问我饿不饿，怎么一上来就劈头盖脸地说这么一句不着调的话啊？经过反复问询，对方很谨慎地告诉我一个事实。前几天，该企业请一业界“大咖”来讲授“精益生产”课程，该“大咖”张嘴即来：“大家好啊，我是国内精益生产第一人×××，大家听过我的课后，别的老师的课就不用听了，因为他们也是从我这里听过去的。来！我想问问你们公司的人对精益生产了解有多少，你来说一说什么是精益生产？”该“大咖”随手点了一位前排的学员问他这个问题。那位学员毫无防备，被突然“袭击”了，支支吾吾半天回答不上来。该“大咖”见状，继续说：“你坐在前面，大小是个领导吧？你领导都不清楚什么是精益生产，你们公司怎么能搞好精益生产呢？”那位学员脸色一阵红、一阵白，现场的气氛也异常沉闷和尴尬。无巧不成书，那位学员真的是该企业的“一把手”。大家可以想象一下，当时在现场的人力资源部（该企业的培训工作由该部门负责）的员工们（尤其是人力资源部的负责人）都在想什么呢……

所以说，尊重学员就不能自大，应该放下自己的身段，事先做足功课，比如要服务的企业的文化是什么、该企业的领导都有谁、课程对象是哪些人、大家的过往培训经历如何、有什么样的风格偏好、互动时的状态如何等信息一定要提前知晓。

（二）不要妄自菲薄

境由心生

记得某次给农业银行培训，有个小伙子让人印象深刻，自我介绍环节，小伙子郑重其事地说：“大家好，我叫×××，在农业银行负责风险管控工作，我进入农业银行已经整整3个月了！”小伙子不仅说得清楚，还做出大大的“OK”

（数字 3）手势，这种自信一定是发自肺腑的，不知道的人还以为他是在农业银行工作了 3 年呢。

我们在前面讲的“职业装”，不仅仅是职业的着装，更要具备职业的仪态、仪表和风范架势，有句话叫作“可以不专业，但比较职业；可以不职业，但比较敬业”，这其实也是不妄自菲薄的表现。

二、行为禁忌

（一）不指指点点

大家都知道，用食指指人是不礼貌的。但是，有些内训师讲得兴奋了就有些忘乎所以，一不小心食指也伸出来指指点点了，这样就不好了。

下面，我们列举了一些培训师常用的手势，可供大家参考使用。

①沟通：双手前伸，掌心向上。

②拒绝：掌心向下，做横扫状。

③致意：五指并拢，掌心向前。

④警示：掌心向前，双手上举。

⑤区分：手掌侧立，做切分状。

⑥指明：五指并拢，指向目标。

⑦组合：掌心相对，向内聚拢。

⑧延伸：掌心相对，向外展开。

⑨号召：手掌斜上，挥向内侧。

⑩否定：手掌斜下，挥向外侧。

⑪鼓舞：握拳，挥向上方。

⑫ 决断：握拳，挥向下方。

（二）不逼视

培训师授课时的站位选择比较讲究，通常要求大家正面朝人，但要避免过于靠近学员，尤其是与自己面前的学员目光交流时形成了逼视是不可取的，这会让这些学员坐立不安、浑身不自在。

①眼神的注视区域。培训师在进行授课或与学员交谈时，眼神停留的区域要以对方的额头与嘴巴之间为主，注视的位置在三角区部位，即以两眼为上线、嘴巴为下顶角，也就是双眼和嘴巴之间。

②眼神的注视时间。培训师在与学员的目光相遇时,不要马上离开，应自然对视 1 ～ 3 秒。

③近距离交流。培训师在向特定学员提问或答疑时常会有眼神的近距离交流，此时的目光应驻留，用期待、专注、信任、鼓励、赞许及宽容等眼神表现出培训师包容、开放、耐心的态度。

④远距离交流。培训师在进行授课时应不时将目光的中心放在课堂倒数第二排、第三排的位置，应与距离较远的学员有眼神交流，并且兼顾到在场的每一位学员。

⑤注重环视控场。培训师进入教室后应先环视全场，照顾到全场所有的学员，形成积极的“对流”以产生控场的效果。培训教学中需要随时照顾全场的时候应进行环视，以消除培训“死角”；课程结束后进行大总结时，培训师也应环视全场。

（三）不做小动作

有些新手培训师登台之后为了掩饰自身的紧张情绪,不断地扶眼镜、摸领带、捋头发等，偶尔出现一次这样的现象关系不大，如果频繁的出现上述现象，那就是小动作了。培训师需要定行、定神，只有“搞定”了自己才能“搞定”学员。

台布后的秘密

有一次，我听国家电网有限公司的学员反馈了一个真实的案例。某段时间，国家电网有限公司某省级公司邀请一位知名教授授课，该教授的理论造诣和讲授水平都很高。只是该教授习惯坐着讲课，主办方专门为他搭建了一个主讲台，上面铺上干净的台布。随着上课时间的推移，该教授座位前的台布因为他胳臂的摩擦作用不断地向他自己那一侧下移。很快，原先被遮挡住的讲台下面就裸露出来了，台下的学员们惊奇地发现：表面上非常严肃、一丝不苟的教授在台下已经把一脚蹬的皮鞋脱下来了，正以脚跟为轴上下来回地抖动。学员们看到这种情形都不由自主地会心一笑，该教授以为大家很认可自己的课程，也回报以微笑，台上、台下一片“和谐”。

三、态度禁忌

（一）不指责

对于学员的行为表现，不论对错，培训师都不适宜过度指责，以免为将来可能发生的冲突埋下隐患。

（二）不评判

世界上没有那么多非黑即白的问题，对于学员的回应，培训师不必苛求所谓的正确答案，给予接纳、乐于认同就可以了。

（三）不打擂台

当培训师和学员发生冲突，不论结果如何，受害者注定是培训师，学员要么会认为培训师没有水平，连学员都讲不过、辩不赢；学员要么会觉得培训师太较真，甚至咄咄逼人，所以，培训师选择避其锋芒是最明智的选择。

课堂上的交锋

很多年前，我去参加一位同行老师的培训课。那位同行是南方人，普通话讲得有些不太标准，当然，普通话讲得不标准也没有什么关系，关键是那位同行说话有些绝对。结果，课程进行当中就有位女学员站了起来提问题。

女学员："请问老师，普通话不标准，可以当老师吗？"

那位同行一听，有人针锋相对，立马打起了精神准备应战。

培训师："当然可以啊！有些地方的培训师就是以方言来授课的，比如广东的老师讲广东话、上海的老师讲上海话。"

问题是该学员根本不是和培训师理论普通话标准与否能不能当老师的。结果，那位同行会错了意，两个人你一言、我一语，唇枪舌剑斗了好几十个回合，此时的课堂秩序已经完全失控了。

第二天上课时，好几位学员缺席了。原因，大家都懂的。

（四）不讲废话

培训师是语言文字工作者，老话说"言多必失"，所以，我们需要慎言、慎行，避免跑题、唠叨、闲话废话一大篇，特别是说一些不利人、不利己的话语。比如，"我初来乍到，对于公司相关信息不够了解，讲的不好的地方请大家多多包涵""这次培训准备工作比较匆忙，不足之处，请各位原谅""我有点紧张，大家能不能掌声鼓励一下"等都是没有意义的废话，培训师的本意是想谦虚、低调一下，但会让学员理解成培训师推卸责任或培训师不够自信。

四、内容禁忌

（一）“不涉红”

培训师在授课过程中不可以恣意妄为评价党和国家的方针、政策，也不可以恣意妄为评价党和国家的领导人。一句话，“不涉红”是指培训师在授课过程中不可以涉及政治、宗教、民族等敏感性的内容。

（二）“不涉黄”

“不涉黄”是指培训师在授课过程中不可以说一些不入流、“毁三观”的“黄‘段子’”或说一些不恰当的男女关系等内容。

（三）“不涉黑”

“不涉黑”是指培训师在授课过程中不可以说一些极其暴力、恐怖、血腥、让人不自在的事情。

（四）“不涉灰”

“不涉灰”是指培训师在授课过程中不可以说一些“潜规则”、权钱交易、灰色地带的事情等内容。

（五）“不涉白”

“不涉白”是指培训师在授课过程中不可以说一些与主题无关及论证力度显得苍白无力的话题等内容。

被队友“坑”的经历

在我的职业生涯中有一段难以忘记的创业经历。当然，那时也是做培训行业，我带着 10 多个人经营着一家培训机构，做一个日出而作、日落而息的“小老板”。曾经，我一度以为此生就是如此单循环了，但一次偶发事件改变了这一切。

一个特别信赖我们的客户向我们发出了讲授“销售技巧”课程的培训需求，团队成员马上行动起来：了解需求、对接老师、出具方案、签订合同、考察场地、准备物料。“一顿操作猛如虎”，万事俱备，只等开讲……

培训课程开始了，刚刚过去半天，客户从学员那里了解到培训效果不太理想，客户的意思是让我中午提醒一下授课老师。可是，下午的课程——涛声依旧。其实，本来是没有什么大问题的，现场大约有300多位新入职该公司一年的销售人员，大家激情澎湃、斗志昂扬。但是，授课过程中的那位老师总是会时不时讲点“荤‘段子’”及说些类似于“销售就是挣钱、挣大钱的职业”等话语，这些血气方刚的“新人们”自然无法接受。到了第二天的下午，学员躁动的情绪让该老师也无法正常授课了。于是，那位老师出其不意地说：“既然大家不太想听我讲课，那么，你们可以问我问题，你问我答，有问题的请举手。”这下子可捅了大娄子了，我看见现场少说得有200人举手了，问的基本都是“老师，你对金钱是什么态度”“老师，你对女色怎么看”之类的问题。

戏剧性的一幕终于来了，那位老师面对这些咄咄逼人的问题，思考了两三秒，然后很镇定地说：“这些问题，我们还是请坐在台下的刘老师（指我）来解答一下吧。”大家可以想象一下那个尴尬到极点的瞬间，我也完全懵了……

好在后来经过各种“翻转腾挪”化解了危机。从此以后，我立志一定要走向全国，一定要做好TTT培训，一定要培养更多的专业老师。

我们不难看出，上面这个故事中的老师明显触碰了禁忌中的“不涉黄”“不涉灰”两大禁忌，既涉“黄”又涉“灰”。

与本节相关的语感口诀如下所述。

专业，职业，敬业。

有所为，有所不为。

内容“不涉红”“不涉黄”“不涉黑”“不涉灰”“不涉白”。

不妄自尊大，不妄自菲薄。

老师是站着的学员，学员是坐着的老师。

本章小结

第二章的内容是角色、形象，本章涉及的内容都属于培训师的基本功。对于培训师而言，尤其是对于新手培训师而言，必须熟练掌握本章涉及的内容，正所谓“基础不牢，地动山摇”。第一节是角色认知，明确了传道、授业、解惑为培训的三大目的，编剧、导演、演员为培训师的三大角色，提炼优化、培训教导、复制传承为培训师的三大使命。第二节是紧张化解，让大家学会区分正常情绪是紧张、过度紧张是怯场，同时运用压力分散法将压力分散给环境、学员、内容、自己。第三节是形象管理，借助“风范七法”让培训师学会“职业装”，谨记“板、散结合”和拿捏有度，避免表达中的“五大陷阱”；同时，要谨记培训师的成长不是一蹴而就的，需要经历成长的 4 个阶段。第四节是课堂禁忌，“有所为，有所不为”，培训过程中要避免“踩雷、入坑”，包括关系禁忌“两个不”、行为禁忌“3 个不”、态度禁忌“4 个不”、内容禁忌“5 个不”等内容，培训师要学会趋利避害、要从优秀走向卓越。

第三章

魅力表达：理性升华，感性演绎

阅读、学习本章，您能解决以下几个问题。

① 培训需求重要吗，需求从哪里来，使用什么调查方法来获取培训需求？

② 企业的所有培训需求都需要满足吗？如何分析培训调查结果？

③ 为何学员一听到要培训心情就变得沉重呢？

④ 如何避免“满堂灌”“一言堂”，怎样才能“有互有动”？

⑤ 培训课堂上的演绎素材资源有哪些，如何收集？

⑥ 做活动、讲故事、举案例、看视频的实施要点是什么？

⑦ 如何做一次高效的导入活动，用任意话题都可以做导入活动吗？

⑧ 有哪些既常用又能检测教学效果的总结方式？

第一节 培训需求

“无问题，不培训”，培训从来就不是无病呻吟，培训一定是为了解决某些特定问题而进行的，这就像生活中那些治病救人、妙手仁心的医生是为解决患者的病痛而存在是一样的道理。那么，无论是医生治病还是组织培训，不能头痛医头、脚痛医脚，这个浅显的道理，想必大家都明白。要想做到药到病除、标本兼治，就得深挖病痛的根因；要想培训有效果，就得从培训的源头开始培训——从需求调查与分析开始，南宋诗人朱熹《观书有感》中有点睛之笔“问渠哪得清如许，为有源头活水来”说的正是这个道理。

一、培训需求调查

（一）what——什么是培训需求调查

培训需求调查是指组织要求员工具备的理想状态（理想的绩效状况，职位和岗位对知识、技能及工作态度的要求）与现实状态（员工对所要求的知识、技能及工作态度的实际拥有程度）之间存在的差距的调查。当企业出现“四动”（即在岗人员、工作内容、工作环境、流程工艺发生变动）时，就会产生培训需求。企业培训的通常做法就是“缺什么，补什么”，“缺什么”指的就是员工在知识、技能、工作态度方面的差距，“补什么”可以理解为培训需求。

前文中，我提到我的实际体重是 75 千克，理想的体重是 70 千克，那么，5 千克的差距就是我要解决的问题，这个问题对于一堂课程而言就是培训需求，因为体重这一数字（内容）发生了变动。同样的，多数读者朋友有医院体检的经历，当我们拿到了体检报告，尤其是验血报告单时，对于大部分人而言，其实多数指标是看不明白的，我们主要关注的是那些个向上或向下的箭头，它代表着理想指标（正常指标）与实际指标之间的差距，与指标相关的数字（内容）也发生了变动。一个比较大型的、管理相对规范的企业，应该会有各个岗位的岗位说明书或岗位职责说明书，里面罗列的所有信息代表着所在组织的理想状况、期望值，有了岗位说明书或岗位职责说明书并不代表员工就能分毫不差的按照其的要求来执行，往往存在这样那样的误差，培训需求就在这两者的差距之间产生。

海尔公司的“13 条不准”

（1984 年 12 月）

①不迟到，不早退，不旷工。

②不代他人打出勤卡。

③工作时间不准打扑克、下棋、织毛衣、干私活等。

④工作时间不准串岗。

⑤工作时间不准喝酒。

⑥工作时间不准睡觉。

⑦工作时间不准赌博。

⑧不准损坏工厂的设备。

⑨不偷工厂里的财物。

⑩不准在车间大小便。

⑪不准破坏工厂的公物。

⑫不准用棉纱、柴油烤火。

⑬不准带小孩和外人进入工厂。

上面的文字是海尔公司在 1984 年制订的“13 条不准”，很多培训师即使不熟悉，也听说过。以今天的眼光来看，“13 条不准”里提到的很多内容可能让人难以置信，比如“不准在车间大小便”这一条。但是，换个角度思考一下，我们就会感慨创业前辈们当年是多么的不容易。那么，是不是有了“13 条不准”，海尔公司的员工都能令行禁止、按章办事呢，海尔公司的产品质量就能过硬呢，海尔公司的窘境就犹如影视剧情反转一般瞬间就脱胎换骨了呢？显然不是。时间紧接着到了 1985 年，海尔公司就发生了我们特别熟悉的“砸冰箱事件”。

从上述海尔公司的案例来看，当时的海尔公司正处于风口浪尖，只可惜当年的培训工作还没有开展起来，但培训的需求随处可见，这些都成为后来者的优质培训素材。

（二）why——为何要进行培训需求调查

①了解企业发展现状。通过培训需求调查，可以了解影响培训效果的系统要素，如企业发展目标、企业内部的资源和环境、企业内外部的限制条件等，由此掌握企业的组织结构和业务流程。

②了解员工的信息及态度。通过培训需求调查，可以了解受训者的年龄范围、工作与生活的地点、职业、兴趣等信息及员工对培训所持的态度，尤其能达到培训预热的效果——至少员工知晓企业即将要组织相关培训了。

③提供需求分析材料。通过培训需求调查，可以为紧随其后进行的培训需求分析提供具体的数据材料。比如，针对具体岗位，哪些知识或技能的需求更迫切——通过岗前培训的需求调查可以了解部门需要新员工学习、掌握的知识和他们面临的困难及需要在心态上进行哪方面的调整等。

④收集各类培训素材。通过培训需求调查，可以为培训课程开发与实施搜集各种培训相关素材，包括工作手册、组织流程图、岗位说明书、实际工作形式和程序及工作实例、案例分析等。有了这些材料，培训可以更有针对性，对员工解决实际工作问题更有帮助。

（三）how——培训需求调查有哪些方法可用

1. 望——观察法

定义：观察法是指调查者到培训对象的实际工作岗位上观察其工作技能和态度、表现及其在工作中遇到的主要问题等具体情况，进而得出结论的一种调查方法。

优点：观察法对观察对象的正常工作和集体活动妨碍较少，所得的资料与实际培训需求之间相关性较高。

缺点：观察者的个人成见对观察结果影响较大；在进行观察时，被观察者由于意识到自己被观察而可能故意做出种种假象，从而增加观察结果的误差，容易出现霍桑效应。

霍桑效应或称霍索恩效应，是指当人们知道自己成为观察对象而会改变行为的倾向。起源于 1924—1933 年的一系列实验研究，由哈佛大学心理专家乔治·埃尔顿·梅奥教授为首的研究小组提出此概念。霍桑一词来源于美国西部电气公司在芝加哥市一间工厂的名称，那是一座进行实验研究的工厂。上学时，当女同学围观男同学的比赛活动（篮球、足球、排球等），男同学打比赛就会格外地有激情，同样是霍桑效应的体现。

注意：观察法要求观察者必须对被观察者的工作有深刻的了解，明确其行为标准，进行现场观察时不能干扰被观察者的正常工作。观察法多用于生产型或服务性行业，适用于操作技术方面的工作；观察法不适用于脑力劳动岗位，如技术开发类工作就没有明显的外部行为特征，就不适宜使用观察法。

2. 闻——访谈法

定义：访谈法是调查者针对某一特定目的，通过与调查对象交谈的方式了解情况、收集所需信息的方法。访谈的形式可根据访谈对象和内容而灵活变化。访谈法是适用范围最广、最灵活的一种调查方式。

优点：访谈法有利于发现培训需求的具体问题及问题的原因和解决

方法，为调查对象提供最多的、自由表达意见的机会。

缺点：访谈法需要投入较多人力、物力和时间，涉及的样本较少；多为定性资料，整理任务重，分析难度大；访谈法对调查者的访谈能力与技巧有较高要求，调查对象容易受到调查者的影响，从而影响所得信息的质量。

注意：实施访谈法首先要明确需要获取什么样的信息，根据访谈内容确定调查对象和人数，然后准备好访谈提纲或访谈记录表。设计访谈提纲时需要注意对访谈进程做一定程度的预测和模拟，以求更好地控制访谈过程、高效获取有效信息。访谈结束后应快速整理分析所得信息并得出有价值的结论。

3. 问——问卷法

定义：问卷法指利用书面形式间接收集信息，是当今收集资料最常用且最有效的方式之一。它将一系列的问题编制成问卷，发放给调查对象填写之后再收回分析，以此获取有关需求信息。

优点：问卷法覆盖面大，可在短时间内收集大量的反馈信息；成本较低。实际操作中，无记名问卷法较易获取真实信息。所得到的信息资料比较规范，容易分类汇总处理。

缺点：问卷法针对性太强，无法获取问卷之外的内容；需要大量的时间和特定的技术（如问卷设计技术和统计分析技术）；可能出现低回收率的现象；一些开放性问题可能出现夸大、无关或不适当的答案等。

注意：为保证问卷回收率，减少由于样本不具有代表性而产生的误差，目前采用较多的是网络问卷，可大大提高问卷回收率和统计效率。

4. 切——分析法

定义：分析法是指通过对企业的文献资料和员工的档案资料进行分析并获取培训需求信息的方法。由于档案资料提供的信息往往比较繁杂，因此需要对其涉及的主要内容进行提炼，对影响培训需求的主要信息进行归纳。

优点：分析法耗时少、成本低，信息便于收集，信息质量高。

缺点：不能显示问题产生的原因和解决办法；资料所反映的大都是过去的情况而不是现在的情况，有些情况可能已经发生变化；要从技术性很强、繁杂的原始材料中整理出明确的模式和趋势，需要技术熟练的分析专家参与。

注意：实施分析法需要根据需求调查的目的列出所需查找的资料清单和阅读重点提纲，针对提纲内容找出文献资料要求的标准与员工档案记录的现实状态进行对比，形成资料信息归纳表，由此确定培训需求。

5. 讨——讨论法

定义：讨论法是指从一组熟悉所讨论问题的人群中获得信息的方法。通常，一个小组由 8 ～ 12 人组成，有两名协调员，一人组织讨论，另一人负责记录。

优点：讨论法能够在现场把不同的观点综合起来，有利于最终决策。

缺点：讨论法费时、费钱；公开场合下，部分人可能不愿意表达自己的观点和看法。

注意：如同访谈法一样，讨论法的形式也是灵活多变的。

以上，我们运用“单字诀”的技术详细地阐述了培训需求调查常用的 5 种方法：望、闻、问、切、讨，虽然这 5 种方法是逐一展开论述的，但不意味着这 5 种方法之间没有联系，只是孤立的存在，反而是结合着使用效果更明显，这和医生看病的流程如出一辙。

医生看病的流程

第一步，患者就医可以选择网上预约挂号或直接到医院门诊大厅挂号，此时需要填写个人的相关信息，如姓名、年龄、性别等，这其实就是在做一份问卷，是问卷法的运用。

第二步，患者来到对应诊室，医生会通过就诊卡或网上预约信息先了解患者的基本情况，接着开始问诊，诸如哪里不舒服啊、什么时候开始的、具体有什么样的感受、家族遗传病史等，这是访谈法的运用。

第三步，了解了相关信息后，如果是中医则开始把脉了，这里听诊器、压舌板、手电筒等是比较常见的辅助观察工具，医生通过观察患者的舌苔、眼睛及其他相关部位，对患者的病情有了初步的判断，这是观察法的运用。

第四步，为了证实自己的初步判断，医生通常会要求患者做一些医学检查，简单的有抽血化验、心电图、CT 等检查项目，复杂的有核磁共振、穿刺、胃镜等检查项目。然后，医生依据化验单等相关数据信息开具处方，这是资料分析法的使用。

第五步，假如前面 4 步仍然没有找到患者的病因，或者患者的病情比较复杂，涉及多个科室，此时，接诊医生则需要发起多个科室多位专家会诊，直至形成最佳的诊疗方案，这就是讨论法的运用。

二、培训需求分析

（一）what——什么是培训需求分析

培训需求分析是指在培训需求调查的基础上，采取各种方法和技术，对组织及其成员的目标、知识、技能等进行系统的鉴别与分析，以确定是否需要培训、谁需要培训、何时需要培训、需要何种培训的一种活动或过程。

培训需求分析通常分为 3 个层次：组织分析，任务分析，人员分析。

①组织分析：在给定企业经营战略的条件下，判断组织中哪些地方需要培训并考察实施培训的环境条件，以保证培训计划符合组织的整体

目标与战略要求。

寻找最优解

无论贫穷还是富有，拥有健康的体魄应该是所有人的共同追求。然而，一项调研结果却让人大失所望，近日，知名医学杂志《柳叶刀》发表了全球成年人体重调查报告，科学家在历时 40 年对 1920 万名受调查成年人的体质指数（BMI）进行趋势调研后发现：目前，世界上胖子的数量已经超过了瘦子，而中国的肥胖人口超过美国列首位。

怎么样才能拥有令人满意的身材呢？马甲线在哪里？ 6 块腹肌怎么练？假如需要制订减肥计划的话，你可以有很多的选项，比如：进健身房健身；管住嘴、迈开腿，做“刘畊宏式的女孩”，自己练自己；参加跑团……最终，选择哪一种减肥计划取决于你的时间、精力、金钱，这相当于在一定的条件下找最优解。

②任务分析：能够确定岗位的各项工作任务，精细定义各项任务的重要性、频次和掌握的困难程度，并且能明确成功完成该项任务需要的知识、技能和态度等培训内容。下面，我们还以上文的减肥计划为例来阐述。

健身计划之任务分析

我们接着上个案例讲述。假设你具备了去健身房上私教课的经济实力，那么，这种方式是不是最优解呢？比如，跑步机、自行车、椭圆仪，这些健身器材能否坚持操作 10 分钟；再如，平板卧推每组 15 个以上、平板哑铃卧推每组 15 个以上、蝴蝶机夹胸每组 15 个以上（或者卷腹 4 组、高位下拉每组 15

个以上）、坐姿划船每组 15 个以上能否搞定？或者想明白了这些，有人还是选择了“躺平”。

③人员分析：从员工实际状况的角度出发，分析现有情况与任务要求之间的差距，作为形成培训目标和内容的依据。人员分析主要包括弄清工作绩效令人不满意的原因是源于知识、技术、能力的欠缺（与培训有关的事项）还是属于个人动机或工作设计方面的问题，明确谁需要培训、需要哪种培训。下面，我们还以上文的减肥计划为例来阐述。

健身计划之人员分析

我们接着上个案例讲述。肥胖产生的原因是多方面的，经常听到有人说“我就是喝凉水也会胖”，或许这是减肥失败的无奈自嘲吧，当然不会有无缘无故的肥胖，有专家总结了 10 种导致肥胖的诱因：遗传原因、饮食不当、水肿虚胖、代谢障碍、产后发胖、不良习惯、缺乏运动、药物作怪、睡眠不足、精神压力。一个正常人肥胖不可能 10 种诱因都有，但也逃不开其中一些，找到属于自己的诱因，因地制宜地选择对应的减肥计划，自然能马到功成。

培训需求分析的组织、任务、人员 3 个层次是个相互联系、不可分割的系统。在实践中,这 3 个方面的需求分析不是按特定的顺序进行的，而是呈交叉或并行状态。由于组织分析能够得出培训是否适合企业的战略目标及企业是否应该在培训上投入时间与资金，因此通常是培训需求分析的第一步；而任务分析和人员分析经常是同时进行的，因为如果不了解工作环境和工作任务，很难确定绩效差的原因是不是因为缺乏培训造成的。对于一个组织而言，确立培训需求应取组织整体、工作任务及员工个人三方的交集，以三方的共同需求作为组织的培训目标。

（二）why——为何要进行培训需求分析

①奠定基础：培训需求分析是确定培训目标、设计培训方案的前提，也是进行培训效果评价的基础。

②经验积累：能够为后期培训实施积累调研资料并提供决策依据。

③明确内容：能够确定员工的知识和技能需求，明确培训内容。

④估算成本：对即将涉及的人、财、物等培训要素进行初步了解后有助于估算培训成本，提高培训针对性和有效性。

需求分析的重要性

150 定律（即著名的“邓巴数字”）由英国牛津大学的人类学家罗宾·邓巴在 20 世纪 90 年代提出。该定律根据猿猴的智力与社交网络推断出：人类智力将允许人类拥有稳定社交网络的人数是 148 人，四舍五入大约是 150 人。相信我们每个人的社交网络中的 150 人里面有很多人有办健身房年卡的经历，在网络上搜索一下“办了健身卡，没有去过几次”的话题，各种“段子”层出不穷，甚至有人说“对于大部分个性冲动的人来说，办健身年卡就是交智商税”，这还真有点儿道理。这就出现了需求明确可方法或途径不匹配的情形，最后导致“人、财两空”。由此可见，需求分析有多重要。

（三）how——培训需求分析有哪些方法

1. 组织整体分析法

组织整体分析法是针对组织的目标设置来确定符合组织的整体目标与战略要求的培训需求的方法。组织的培训需求反映了一个企业在整体上所需要的培训层次与种类。通过对企业的经营环境、企业利润率、企业战略、员工流动率、顾客满意度等方面的考察，确定组织的培训需求。

2. 工作任务分析法

工作任务分析法以具体工作作为分析对象，分析员工完成工作任务所需的知识、技能和能力，以此来确定所要进行的培训内容。在实际工作中，工作任务分析法是以工作说明书、工作规范或工作任务分析记录表作为确定员工达到必须掌握的知识、技能和态度的依据，将其和员工平时工作中的表现进行对比，以判定员工要完成工作任务的差距所在。这种方法一般适用于新员工培训需求分析项目或非常重要的培训项目。

3. 工作绩效分析法

工作绩效分析法也称为问题分析法，是指在对企业员工当前工作绩效与理想状况之间差距进行分析的基础上，确认造成差距的原因，最终确定培训需求的方法，适用于员工绩效与理想状况出现差距的情况。

与本节相关的语感口诀如下所述。

无问题，不培训。

缺什么，补什么。

培训需求要搞好，借助望、闻、问、切、讨。

弥补需求缺口，缩短表现差距，解决实际问题。

第二节　情理并茂

厘清了培训的需求，接下来就得设计课程、实施培训、评估效果。“缺什么，补什么”是培训最简单的诉求，企业培训追求“有限时间，有效训练”，培训师锚定问题，找到解决问题的“钥匙”，那么，在呈现环节又如何让学员喜闻乐见、全情投入地接受培训师给出的“钥匙”呢？答案是：独乐乐不如众乐乐，带着大家一起“玩”。培训本来就应该是好玩的事情，寓教于乐的培训谁不喜欢呢？可是，知易行难。我们通过下面这个案例来看看现实情况。

“老司机”遇到了新情况

近几年，随着电力行业大力推行“以赛代训、以赛促学、以赛促培”，许多从事 TTT、课程开发、微课、PPT 等培训项目的老师走进了国家电网有限公司、中国南方电网有限责任公司等企业的培训教室，我也是其中一员。与其他传统行业不一样的是：电力行业专业技术性太强，遍布发、输、配、变、调、用、储七大环节，这就让许多非理工科班出身的老师很是“头大”。

有一次，我在辅导某省电力公司参赛选手时遇到了两个问题：首先，参赛选手课程中的术语多，特别是专业性较强的术语多，比如基于时间电压型馈线自动化、差动保护、单母线分段带旁路等；其次，课程是以老师纯理论讲授为主，缺乏必要的互动，这就导致听众的兴趣点和注意力不够集中，甚至于听众在有些类似的课堂上昏昏欲睡。

其实，类似于上面案例中行业术语较多、以纯理论讲授为主等现象在其他行业也比比皆是，比如汽车行业的冲压、焊装、涂装、总装等术语，只是没有像电力行业那么凸显罢了。企业的内训课程，简单来说，一般就分为技术类课程和非技术类课程（通用课程），那么，技术类课程怎么设计、怎么讲授才能既让学员通俗易懂又不失课程的专业性，既能调动学员的积极参与、全情投入又能兼顾生涩专业内容的讲授呢?

一、理性内容

在本书第二章的内容中，我们专门论述了培训的 3 个目的，即传道、授业、解惑；培训师的 3 种角色，即编剧、导演、演员；培训师的三大使命，即提炼优化、培训教导、复制传承。当然，这一切的宗旨都是为了提升企业的绩效，那么，培训师到底凭什么去践行上述的“3 个 3”呢?

几乎每次讲到上述内容，我都会随机采访一些学员代表。比如，讲授“商务礼仪”——通用课程，我会问:“请问，如果您来讲‘商务礼仪’这门课程，那么，哪些内容属于必讲的呢?”学员会告诉我:“礼仪的定义、礼仪的作用、仪容仪表规范等。”再如，讲授“财务报表”——技术类的课程，会有相关的概念、名词解释、原则等必讲内容。又如，讲授“拉线制作”——操作类课程，会有拉线的原理、适用的场景、制作的技巧等必讲内容。可是，新的问题又来了，但凡我们听到培训师讲授的东西，如名词、概念、观点、原理、方法、标准、制度、规范、流程、技术、技能、技巧等词汇时，很是“头大”，借用影视剧中的台词是“脑仁疼”。既然学员听了不舒服、“脑仁疼”，那么，不讲这些东西可不可以呢？相信大家会不假思索地说“不行”。原因很简单，不讲上述这些东西，那么，传道、受业、解惑就无法实现，培训的目的和价值也就不存在了。

我们把课程中出现的这一类集合，如名词、概念、观点、原理、方法、标准、制度、规范、流程、技术、技能、技巧等相关话题统一称之为内容，也就是大家常说的课程中的“干货”“钥匙”，是理性十足的“硬东西”。因为内容的存在，课程中的问题才得以解决，所谓“内容为王”就是这个道理。内容的重要性由此可见一斑。反过来说，如果没有特别给力的内容，这样的课程又会怎么样呢？弱内容——事倍功半。

作为当下企业新人入职不可或缺的一种培训形式——拓展训练，相信大家并不陌生。拓展训练最早起源于第二次世界大战,至今已近百年。这种风靡全球的培训形式在今天也遇到了尴尬的一面：早些年的拓展训练，很多企业只有中高层管理者才能参加，因为既耗时又费钱，普通员工参加的成本和代价较大，据说那时一个人参加一次拓展训练通常需要 3 ~ 5 天，人均费用得以万元为单位；今天，如果你没有太多诉求的话，参加一次拓展训练的费用甚至比去游乐场（比如迪士尼、方特欢乐世界等）玩一次还便宜，当年许多做拓展训练的正规培训机构也纷纷转型，现在倒是有许多旅行社在从事这一带有危险性质的业务。是什么原因导致拓展训练成为今天这个样子的呢？原因当然有很多，但其中一个重要的原因不可忽视，我国培训行业的跟风现象非常明显，这和知识产权保护不到位、行业门槛较低等都有密切关系。由于从业者过多，导致许多做拓展训练的培训机构为了降本增效，在师资配置、项目研发上投入较少，好多培训机构最终选用新人带着受训学员快乐地“玩耍”老项目，拓展训练的结束也就意味着一次快乐、有趣、刺激的旅行结束了，学员收获更多的是美食、美景等，缺乏推陈出新的内容和引人入胜的演绎，最终的结果只能让拓展训练成为新员工入职时的一碟开胃小菜，很是可惜。

通过拓展训练的大起大落境遇，我们可以看到：缺乏好的内容，培训终将会陷入“巧妇难为无米之炊”的境地。所以,好课程必有好内容。

二、感性形式

前文讲到了辅导某省电力公司选手参赛的话题，我再次强调一下，这不是个案。在我过往 20 年的培训和辅导经历中，这种情况真的是此起彼伏、屡见不鲜，学员很发懵，内训师很困惑，培训组织方很苦恼……下面，我们一起来分析一下“病因”，探究一下真实的培训需求。细思之下，这一类培训主要存在 3 个关键“问题”：理性问题、感性问题、互动问题。

（一）理性问题

1. 表现：内容专业、术语较多

上文案例中提到的“基于时间电压型馈线自动化”“差动保护”“单母线分段带旁路”等就是典型的内容专业、术语较多，真是隔行如隔山、隔专业如隔海。

如果让我给培训过的企业按行业划分一个专业性难度等级的话，排在第一位的不是电力而是医药，第二位才是电力，第三位是汽车……按人群划分的话，排在第一位的是研发系统人员，第二位是财务系统人员，第三位是工艺系统人员……

有的内训师也许会反驳：“我的课程其实就是这些东西啊，本来就是这些概念、术语啊。对你们来说好像很难理解，而在我们专业里面，这其实都是最基础的内容了。”

2. 应对策略

关于理性问题的应对策略，请大家回忆一下本书第一章里“四变”（术语变俗话，特性变价值，数据变感受，告知变发现）的内容，此处不再赘述。通过“四变”，先解决术语晦涩的难题。

（二）感性问题

1. 表现：讲授理论，枯燥乏味

在内训师的课堂上，类似于用概念解释概念、用术语说明术语、用理性的内容阐述理性的内容等现象比比皆是、屡见不鲜，这就是我们所说的只讲授理论，令课堂气氛枯燥乏味。

2. 应对策略

纯粹讲授理论会让听众感觉太“干”“不易消化”，那么，能不能给这些“干货”添点“水”，让人既能听进去又能听懂呢？答案是肯定的，那就是“配资源”。

如果大家听过很多老师的课程，总是发现有些老师的讲授让人印象深刻，仿佛余音绕梁一样回味无穷，这样的老师除了有“干货”外，通常还是个实力满满的故事大王或“‘段子’手”，也会时而在课堂放一段贴合授课进程的音、视频。在课程呈现中，我们可能会用上打比方、举例子、看视频、听音乐、讲故事、说“段子”、情景演练、角色模拟、小组 PK、分组讨论、头脑风暴等手段，我们把这一类手段统统称之为“形式”。注意：此处的“形式”说白了就是演绎、论证所需要的“资源”或“论据”，不同于讲授式、讨论式、提问式等培训的组织形式。比如大家看到我写的这本书，里面除了内容，还有大量的案例，这就是我有意“配资源”的体现。

（三）互动问题

1. 表现：没有互动，单向传输

实际培训中，我们看到的好多内训师属于“讲师”——以“讲”为主的老师，显然，这缺乏了与学员的必要互动，只是知识的单向传输。

2. 应对策略

樊登，樊登读书的创始人，央视前主持人，相信很多读者朋友知道他，也许还是他的“粉丝”。樊登在《可复制的领导力》一书中提到了一个非常有价值的话题——用游戏的结构来组织工作流程。简单地说，就是把工作游戏化，因为你可能讨厌工作，但一般你不会讨厌游戏；你可能不愿社交，但你会和游戏里的玩家有效沟通；你可能没有什么宏图大志，但你在游戏里目标明确……游戏化的启示：①设定明确的团队愿景；②制订清晰的游戏规则；③建立及时的反馈系统；④自愿参与的游戏机制。

这几条启示，尤其是“建立及时的反馈系统”这一条启示很重要。在游戏中，及时反馈与玩家的游戏时长有着密切的关联。玩家在一番艰苦打斗后杀死老怪，就可以积攒经验、升级能力，而且游戏系统会掉出一些武器和装备。每到一定的级别，系统还会给出相应的额外奖励。虽然这些只是游戏中的虚拟道具，给玩家带来的心理满足感却无比真实。这种满足感会刺激玩家继续玩下去，所以游戏在线时间也就越来越长。很少有人能够抵挡得住这种即刻就获得满足的心理，这也是许多人（尤其是未成年人）玩游戏上瘾的根本原因。同理，课程中如果没有互动环节，没有及时加分奖励，没有清晰的互动规则，没有调动全员参与，只剩下培训师一人在独自战斗，那是独乐乐，不是众乐乐。

优质的课程一定会配备适量的教学互动活动。我们在前文中也反复强调“逢冰必破，一动就破”，通过互动活动的植入，与学员和课堂产生链接、建立关系，这样，你的课程才会生动、有趣。具体的互动方法，我们将在第四章详述。

三、“不三不四”

好的课程，理性的内容和感性的形式，二者不可或缺，那么，二者之间究竟是一种怎样的关系呢？生活中，大家基本都有用电饭煲做米饭的经历，我们就拿这个来打比方。企业遇到问题需要培训，人饿了自然需要吃饭，那么，做一锅香喷喷的米饭需要哪些必备的原材料呢？米和水。米相当于内容，水相当于形式，对于饥饿而言，两者谁更重要一些呢？试想，我们只吃生米不喝水，能不能解决肚子饿的问题？答案是“能”。人饿极了，不要说吃生米了，过去吃野菜、草根、树皮甚至土都能充饥，何况是生米呢？那么，只喝水能解决肚子饿的问题吗？我曾经效仿道家辟谷了 5 日，我以我的亲身经历告诉各位读者朋友：喝水不管饱。当然，短时间内只喝水维持生存不是问题。换言之，面对学员的困惑，培训师只讲内容（“干货”）、不讲形式（“资源”）同样也可以解决学员的问题。那么，我们日常会不会直接吃生米或拿生米招待客人呢？显然不会。虽然生米也能吃饱，但吃的难受、不舒服。同理，只给学员讲授内容，学员听着就会觉得生涩、不舒服，于是就得加水——形式（“资源”）。但是，如果只给人喝水，肚子就会一直“咕、咕”叫；如果只给学员讲形式（“资源”），学员只会觉得听着有趣，实则不知所云。所以，内容比形式更重要。

回到做米饭的话题，一碗生米配置多少水比较合适呢？有人说，得取决于生米的品质和食客的口味。假设做的米饭要求松软可口，我们以享誉海内外的五常大米为例，五常大米的米、水配置建议是 1∶1.3，我们这里不探讨为什么是这个比例，但至少水比米要多。换言之，培训师授课，形式要比内容多也才合适。所以，我们说内容与形式的关系是“内容重于形式，形式多于内容；理性话题，感性演绎；感性话题，理性升华”，只有做到了有理有据、情理并茂，才能让听众觉得培训师言之有理。

内容与形式并存的道理，我们说清楚了，那么，内容与形式在一次培训中如何分配时间（占比）呢？我们得先预先框定一下，但这个问题没有标准答案。基于多年教学实践，我摸索出的经验为：讲内容的时间在一次培训总课时中应该不少于三成，也不多于总课时的四成，用一个“旧说新语”（“旧说新语”指：一个旧词赋予其新含义，成为课程话语体系中的一部分）的词来概括就是“不三不四”。我们把这个“不三不四”的比例关系进一步阐释则为 1∶3。注意：这里的 1 代表内容，3 的第一层含义代表形式，但 1∶3 并不是 1 个内容配置 3 个形式，正解是 1 个内容准备 3 个“资源”，实际使用中，能用 1 个“资源”论证清楚内容，那么，其他两个备用资源则不用，反之，则再用第二个、第三个备用资源。

如果 3 个形式（“资源”）都没有论证清楚 1 个核心内容，只能说明“资源”与内容不匹配，不是数量有问题，而是质量有问题。所以，这就引申出了 1∶3 中 3 的第二层含义。1∶3 中 3 的第二层含义是指形式的多样化。如果培训师在课程呈现过程中围绕 1 个论证主题举了 3 个例子或放了 3 段视频（或者讲了 3 个故事），数量是够了，可是“资源”的类型过于单一、单调了，会让听众产生听觉疲劳。这就好比一个人很爱吃红烧肉，你请客吃饭点了整整一桌子红烧肉，我想这个客人此后再也不想吃红烧肉了。所以，人们不管是自己家人一起吃饭还是请客人吃饭，饭桌上的菜品不论多寡，但一般不会重样，会尽可能荤素搭配、色香味兼顾。同理，培训师准备课程的“资源”时可以准备一段视频、一个故事、一个例子，各种“资源”搭配着使用，这样效果才会更好。

四、“表达四感”

作为一名企业内训师，我们不仅仅承担着教书育人、传道授业的角色，更重要的是在传承着组织的智慧结晶、延续着组织的精神灵魂。在“内容为王”的影响下，很多内训师专注于课程内容的研发与深挖，往往忽略了课堂呈现演绎的深入浅出、通俗易懂，特别是部分比较理性的技术类课程，更是会让学员似懂非懂。结合过往多年 TTT 教学实践及数万名学员在大众点评环节的表现，对于上述情况的预防和应对，我在此给出如下建议：塑造魅力表达，需要“感”动先行。

（一）“感”动之一：画面感

画面感，即培训师在表达某个话题时，特别是某个抽象的事物或复杂生涩的概念时，能让学员通过某个熟悉的画面感同身受、产生共鸣。营造画面感需要借助打比方的技术。比如，培训师在讲“基于时间电压型馈线自动化”时，因术语多、专业性强就需要借用大家耳熟能详的有画面感、能感知到的事物来论证这个复杂的技术概念。于是，我们在大量生活场景中找到了与之相匹配的、具有画面感的例子：高速公路因故封闭，主站如何知道，以及如何修复从而便于车辆通行。

（二）“感”动之二：对话感

对话感，即培训师在表达的时候，虽然不是和学员你一言、我一语的进行对话，但通过停顿、提问等方式，让学员感受到仿佛在与培训师对话一样。“培训不是一个人在战斗”，很多内训师登台后习惯于按照自己的事先准备滔滔不绝地讲授课程，根本停不下来，至于学员是否听到、听懂、听进去了，已经无暇顾及，最终收效甚微。请记住，“当老师停止说话，学员开始思考”，要懂得变讲为问、说“慢话”、留点空间和悬念给你的学员。对话感的营造也需要培训师能自己与自己对话，要营造单口相声的氛围，不断地自问自答，引发学员的思考、吸引学员的注意。

谁更重要

我们在课堂上经常讨论：编剧、导演、演员 3 种角色是培训师不可或缺的，那么，到底哪一种角色更重要呢？此时，培训师既可以问询学员形成对话，也可以自问自答形成对话。

“有人说编剧很重要，因为一个好的剧本可以捧红一个此前默默无闻的演员；也有人说导演很重要，因为演而优则导嘛，不是所有的人都能做导演的；当然，还有人说演员很重要，人们看影视剧大多首先关注主演是谁。那么，到底谁更重要呢？其实，编剧、导演、演员都很重要，关键看你站在什么角度看问题。”

上面这段话既是培训师在自言自语，也是培训师在与自己对话，同时也引发了学员的思考，所以说，对话感不可或缺。

（三）“感”动之三：现场感

现场感，即培训师授课时，能让学员参与其中，让学员感受到——“我在培训现场，这是在和我说话，这和我有关系”。有些培训师，为了体现课程的“高大上”，动不动就说“500 年前怎么怎么样”或“大洋彼岸怎么怎么样”，这些年代久远的或距离很远的时空中的人或事无法与现场学员链接，存在讲、听“两张皮”的现象。这个时候，建议培训师多以现场的人和事来举例子、打比方，做到案例就地取材、信手拈来。当然，这需要培训师掌握“抓现场”的能力。

现场感可以在以下两个环节体现。

①互动环节。“无互动，不培训”，大家是认可的，那么，互动时与谁互动呢？自然是与学员互动，一定要与学员多互动，让学员感知到培训师说的话题和他（她）有关系，比如玩游戏、小组 PK、情景演练等。

②演绎环节。组织实施培训的目的是为了解决问题，那么，培训师就需要对症下药，给出解决问题的方案、对策、思路。但是，这些内容或话题让学员感觉不太舒服，太硬、太干、太理性了。这时，就需要添加一些演绎的“资源”素材，比如打比方、举例子、看视频、讲故事等，培训师就可以邀请学员扮演其中的角色，既能强制互动又能营造现场感。

（四）“感”动之四：韵律感

不得不承认，我们不一定会被相声、小品、评书的内容感动，却会被演员的生动演绎而感染。作为内训师，我们也是语言文字工作者，所以，我们应该通过抑扬顿挫的语音、语调来营造跌宕起伏的韵律感，懂得说“气”话，避免“畅、快、硬、平、滞”。

“韵律感”可以在以下两方面尝试使用。

①语速、语音、语调的韵律感。有人说，培训师只要把该讲清楚的

讲清楚就行了，为什么还要讲得有韵律感？其实不然，汉语博大精深，有时不运用韵律感还真的很难实现你想要的效果。比如，“剩女产生的原因有两个，一个是谁都看不上，一个是谁都看不上”，这句话如果缺乏起伏和韵律，就很难区分其中的意境了。再如，大家都见过妈妈哄小孩睡觉吧，从哼唱的小曲到手掌轻轻抚拍，节奏感是不是很有韵律呢？如果节奏或快或慢、声音忽大忽小，小孩恐怕只能号啕大哭了。所以，培训师可以通过语速、语音、语调的变化制造韵律感。

②授课节奏的韵律感。一次培训课程短则 30 分钟、长则 90 分钟，学员不可能时时刻刻都把注意力放到培训内容上（我们在前文已经论证过这个问题）。那么，培训师就得把握好授课节奏，充分调动学员的积极性。比如，我们去看电影，发现电影的有些情节就算错过也不至于影响观影感受，但同时也肯定有高潮的情节不容错过；再如，一首歌曲有过门，也肯定有副歌……我们在前文讲过，授课时通常每 20 分钟调动一下学员的积极性是不可或缺的，这样，节奏韵律感就出现了。每 20 分钟如何设计你的内容、匹配什么样的教学活动，这些都是与授课节奏的韵律感息息相关的。

总之，魅力表达不仅仅靠内容本身，酒香也怕巷子深，有了好内容，更需要好的精彩演绎，利用好“表达四感”，从而真正实现表达的至高境界。

以已知求未知，以旧知论证新知，拿大家都知道的事物来引发感同身受，不断打比方、举例子，制造画面感。

以问题为线索，不断设问、提问，引发学员思考、吸引学员注意，制造对话感。

以反应为依据，关注学员需求，明确与学员有什么关系，制造现场感。

以概念来表述，做到概念、观点、结论、数据先行，过程论证，收在结论，留下解决问题的良方和“干货”，制造韵律感。

与本节相关的语感口诀如下所述。

“不三不四”，“事不过三”。

“职业装”，“空手道”。

内容重于形式，形式多于内容。

动之以情，晓之以理，情理并茂。

概念先行，过程论证，收在结论。

理性话题，感性演绎；感性话题，理性升华。

以问题为线索，以反应为依据，以已知求未知，

以概念来表述。

第三节 “喜、闻、乐、见”

一、素材类型

“八大菜系”

中国饮食文化中的菜系，是指一定区域内由于气候、地理、历史、物产及饮食风俗的不同，经过漫长历史演变而形成的一整套自成体系的烹饪技艺和风味，并且被全国各地所承认的地方菜肴。

早在商周时期，中国的饮食文化已有雏形；春秋战国时期，饮食文化中南、北菜肴风味就表现出差异；到了唐、北宋时期，南食、北食各自形成体系；到了南宋时期，南甜、北咸的格局形成；发展到清代初期，鲁菜、川菜、粤菜、苏菜成为当时最有影响的地方菜系，被称作“四大菜系”；到清末时，浙菜、闽菜、湘菜、徽菜“四大”新地方菜系分化形成，共同构成中国传统饮食的“八大菜系”。

虽有“八大菜系”，在我看来却是万变不离其宗，永恒不变的是原材料本身，比如南方的“清蒸鲈鱼”中的鲈鱼，在北方也同样叫鲈鱼，变化的则是烹饪的方式，或许北方菜系更喜欢做“红烧鲈鱼”吧。烹饪方式的不同，所配置的辅材调味料则随之不同，所以说，“八大菜系”变化的更多还是在调味料上。不信的话，且听我一一说来。做菜的时候油多放、辣椒多放、花椒多放，就叫作川菜；做菜的时候油多放、辣椒多放、花椒不放，就叫作湘菜；做菜的时候辣椒不放、花椒不放、油少放，就叫作粤菜；做菜的时候辣椒不放、花椒不放、油少放，再放少许糖，就叫作苏菜……

做菜有油、盐、酱、醋等各式各样的调味料，那么，培训靠什么来调动呢？正如相声是一门独特的语言艺术，讲究说、学、逗、唱“四门功夫”，培训也是一门语言艺术，拥有“喜、闻、乐、见”四大素材资源。

（一）“喜”类素材资源

培训资源里比较有喜感的资源还是有很多的，比如游戏、竞技 PK、头脑风暴、小组讨论、角色扮演、情景演练、引导活动等。提到当下互动性最强的培训方式，引导技术肯定要名列前茅，培训市场上各种引导技术的培训班也是层出不穷。

引导技术也叫促动技术，是指通过创造他人积极参与的机会来形成活跃氛围，从而达到预期成果的过程。这种成果可能简单到学习一项新技能，也可能复杂到解决一个跨组织和部门的复杂问题。总之，引导技术的作用就在于积极引导他人主动参与的互动过程。实施这一技术的人叫作引导师、催化师或促动师。

“导”亦有道

2018 年，我体验了一次“引导技术”的课程，我想用情理之中、意料之外来概括那次参训经历。为了避免因后续日程安排的影响而延误培训，我提前 3 个月支付了培训费用，这样我就心无旁骛的准备到时参训了。考虑到需要记录课程中的信息，我清理了手机的内存，准备了红、蓝、黑 3 种颜色的笔和好看实用的笔记本。然而，3 天的课程下来，培训师真正“讲”的内容屈指可数，所以，我的手机、笔记本几乎空去空回。但是，在课后总结环节，每一位参训学员都觉得收获满满，相对于传统的培训而言，那次培训简直就是颠覆，结合培训师的分享，感觉学习得是相当的通透，醍醐灌顶。

3 天的课程中，培训师做得最多的事情是布置任务、讲解规则、回放反馈，在体验环节，我们时而各抒己见、时而群策群力，时而为达成一个共识击掌欢呼，时而为找寻最佳方式眉头紧锁。体验结束后，在培训师的循循善诱下，我们开始自我剖析、深刻反思、复盘沉淀，全情投入、全心参与、全力以赴，根本就没有时间写心得和记笔记。这样的培训，试问谁又不喜欢呢？自此，我开始将引导活动融入 TTT 教学，并且专门设计、开发了内训师版本的"'导'亦有道——引导式内训师常备引导活动"教材。

（二）"闻"类素材资源

培训中可以用来听的资源形式也很多，比如故事、笑话、"段子"、案例、热门话题、热点事件、时事新闻等。相对于"喜"类素材资源，"闻"类素材资源更容易掌控，何况好多培训师本来就是故事大王、"'段子'手"。

工作中，我们很多内训师往往是各个公司的行家里手，有着丰富的实战经历，学员们也特别想听一听学长们、前辈们、领导们的成长经历、创业故事，想知道大家当年是如何攻坚克难、越挫越勇的。培训师的使命之一是提炼优化，当然可以把这些过往战绩提炼优化为典型案例、最佳实践，分享给学员们。

（三）"乐"类素材资源

乐在这里读 yuè，指音乐，"乐"类素材资源包括候场、课间休息或引导大家讨论、思考、冥想时用的背景音乐等，还有提前录制的音频文件等。

有人说音乐是全世界共同的语言，是世界上最引人入胜的事物，而且，越来越多的人已经认识到音乐的神奇力量。把音乐作为背景用于烘托其他事物，效果妙不可言。比如，大型运动赛事，运动员入场音乐可以调动运动员和观众的情绪；餐厅、超市、商场等公共场所里播放背景音乐，可以让消费者在轻松愉快的氛围中度过一段美好时光；还有，当下很多“刘畊宏式的女孩”在挥汗如雨时配点动感音乐更能带动节奏。培训中的背景音乐也是不可或缺的，用好背景音乐，也能提升培训效果。

课前候场时播放点轻音乐，让人身心放松，便于后续的“融冰、破冰”。通常，我会准备一些大家熟悉的纯音乐，比如《我和我的祖国》《北京欢迎你》《茉莉花》《故乡的原风景》《安妮的仙境》《罗密欧与朱丽叶》等。

课间休息时播放点激昂的音乐，中、英文音乐皆可，励志型的更佳，帮助学员提神醒脑，尽量避免学员中场休息趴桌子睡觉，况且 10 ～ 15 分钟的时间根本不够睡。我通常会准备一些励志的歌曲，比如《我的梦》《你的答案》《追梦赤子心》等。

再次进场培训时播放集结的音乐，注意下课前需要和学员做好预先框定。我通常会准备《桃花朵朵开》《你快回来》等歌曲。

（四）“见”类素材资源

“见”类素材资源指学员能看得见的资源，比如图片、图表、视频、模型、教辅工具等。通常，这类素材需要提前做好设计，使用前做好保密工作，防止课前泄密。

就地取材

自 2015 年开始，我开始辅导很多行业的内训师竞赛，我们经常开玩笑说竞赛就看谁“卷”得更到位。这其中，电力行业的竞赛更是有过之无不及。

> 2020年，我辅导某市供电公司3位选手参加省级公司保密知识竞赛。在资源配置环节，很多选手都用了差不多的案例，同质化特别严重。好课程往往具有“情理之中、意料之外”的特征，如果看到了开头，就让人猜到了结尾，这样的课程肯定不是好课程。经过不断地挖掘、否定、对标，最终，我们选择了一个具有属地性的资源。
>
> 某市某地盛产青瓷，并且是中国乃至世界陶瓷史上烧制年代最长、窑址分布最广、产品质量要求最高、生产规模和外销范围最大的青瓷历史名窑之一。围绕青瓷厂，我们开发了一个涉密案例，并且将部分青瓷样品带到了课程现场作为展示的道具。经过精心设计和用心练习，最终拿下了该次竞赛的二等奖。

培训素材是培训效果的重要保障，好比相声中的“包袱”，以上这么多素材资源总有一款适合课程的生动演绎。

二、素材收集

我们已经讲了培训素材的类型和功效，但很多内训师可能还是很困惑——我到哪里去收集素材呢？这其实就和所有的大厨一样，烹饪所需的调味料，大厨自己并不生产，主要还是依赖外部采购，同理，培训师的素材资源主要还是靠收集得来，这就需要大家平时做个有心人，注意观察发生在身边的、适合作为课堂呈现的素材，而且不同的素材收集的渠道也不相同。

（一）“喜”类素材资源收集渠道

①参加培训。比如，我在前文分享参加引导技术课程培训时，收集了10多个引导活动素材：入场调查、“鸡尾酒会”、“艺廊之旅”、“发掘

宝藏”、“停车场”、收集想法、团队列名……

②任用助教。在课程的开场“破冰”环节，通常需要用活动带入，培训师不一定都要亲力亲为，可以试试请助教代劳。助教分两种，其一是培训机构的助教，他们会和不同的培训师配合，耳濡目染、积少成多，往往都是移动的活动资源库；其二是让学员作为助教，我在很多的课程培训中采用过这样的方式。

③同行交换。在培训行业做久了总是会有三五好友的，大家同堂授课的概率相对较低，那就可以像银行学习——相互“拆借”“喜”类素材资源。每位培训师掌握的活动总量一定是有限的，但相互分享、交流、“拆借”、交换之后，那就不一样了。

（二）“闻”类素材资源收集渠道

①亲身经历。亲身经历类的资源特别好用，因为是自己的亲身经历，所以和别人同质化的概率就特别低。当然，这一类资源需要培训师加工、提炼、设计。

切身体会

我在课程中植入的真实事件至少有10个以上，比如：驾校学车拉断手刹手柄、乌鲁木齐授课遭遇5.3级地震、合肥酒店授课突发停电、昆明旅游领教高手导游、东营授课奇葩说、哈尔滨控场拍红手、贵阳农行授课酩酊大醉、长春购过期食品维权记、选择孩子校外兴趣班、现场观摩学员老师互怼，部分案例已经在本书中呈现。

②寓言典故。收集寓言典故这类资源只需要我们做个有心人即可，这类资源拿来就可以用。2020年，我精挑细选了一些图书，后来录制了“100个哲理小故事”的视频。实际授课时，100个故事肯定用不了，

哪怕记住 10 个也够用了。这样的资源较多，我们在这里就不再赘述了。

③时事新闻。时事新闻这类资源非常容易获取，只要你平时“刷”手机时留个意及时记录下来就可以了。我从 2011 年开始收集时事新闻类素材，比如每年发生的热点事件，直至今日。在课堂上，经常有学员问我：“老师，您怎么什么都知道啊？”原因很简单，因为我也“刷”手机，平时“刷”的比较多的是微博（通常热点事件第一时间会在微博发出来）、今日头条、百度等。

（三）“乐”类素材资源收集渠道

“乐”类素材资源的来源比较简单，安装上几个应用软件即可，难处在于：合适的音乐可遇不可求。

①听广播。各大广播平台的主播们已经帮你分门别类、精挑细选了音乐，听到合适的，马上记录下来，再去应用软件上下载，乘车时、跑步时、逛街时都是你收集好听音乐的时机。

②“刷”视频。最近几年，短视频很火，很多短视频 App 上都有特别棒的音乐，作为培训师的我们，不能只是观众、听众，看到、听到适合自己课程的音乐就下载下来备用。

③搜网页。网友们会有自己推荐的音乐，或许里面就有你需要的。

（四）“见”类素材资源收集渠道

“见”类素材资源多多益善，尤其是视频类资源，应做好日常的收集储备工作。

①自拍。很多工艺流程、实操实作因为场地原因、环境原因、涉密原因等，只有少数人可以亲临现场，在不涉密的情况下可以录制成视频素材。

②录屏。很多合适的视频，比如影视剧片段，无法下载到本地文件，授课中无法使用，可以采用录屏的方式保存下来，有两种方式可以实现：一是用录屏软件，网络上有很多这种软件，很多手机也有自带的录屏软

件；二是用手机直接对着电脑屏幕录制。在网络上看到感人的事件、搞笑却令人反省的经历、值得推而广之的经验等视频，或者平时看电视、看电影觉得某些片段有价值，都可以采用这种方式保存下来。

③下载。下载的视频通常能还原原视频，画面、声音高度清晰，就是下载的步骤稍微多一点儿。

“硕鼠”的使用步骤

“硕鼠”是一款非常棒的视频下载软件。假如你在优酷、爱奇艺等网站中发现了特别好的视频素材想要下载到电脑上，那你可以先在那个视频的页面上方复制该视频播放的网址，然后打开“硕鼠”软件，把复制下来的网址粘贴到视频网址框里，点击“开始 go”，跳出另一个界面，鼠标定位在网址上点击右键“目标另存为”就可以下载自己想要的视频了。“硕鼠”支持多线程下载，可智能选择地址，拥有自动命名、FLV/MP4 自动合并、智能分类保存、特色的“一键”下载整个专辑的功能，无须人工干预，集成了转换工具可将下载文件批量转换为 3gp、AVI、MP4 等格式。

通过上述方式，我目前已经收集了有教学价值的视频片段 100 多段。

④交换。找别人要或与别人交换“见”类素材资源的方式最直截了当，只要你肯放下身段就行，因为有被拒绝的可能。

三、4 种教学方法

在课堂上，内训师实际有很多种教学方法可以运用，比如讲授法、提问法、演示法、讨论法、练习法、游戏法、案例分析法、任务驱动法、情景模拟法、行动学习法等，我们在这里重点分享 4 种内训师必用的教学方法。

（一）活动教学法

1. 活动分类

按照引导技术的划分标准，我们将课堂活动分为 3 类，即“I”类、“W”类、“E”类（3 种活动英文单词的首字母）。

①“I”类活动即 Ice breaking——“破冰”，通常用于一次培训的开场阶段，设计或选择尽可能打破人与人 1.2 米的安全交往距离（美国心理学家邓肯曾提出了“1.2 米理论”），1.2 米以内交往，多少会有肢体接触，比如握手、拉手、拥抱等，帮助参训学员快速融入。当然，这也需要培训师拿捏好尺度，尤其是异性之间的尺度。

②“W”类活动即 Warm up——热身，通常用于重要内容讲述之前，可以理解为“铺垫”，这类活动通常与接续内容紧密关联。

③“E”类活动即 Energize——充能，通常用于 13 点到 15 点这个时段，此时的参训学员处于生理上的困乏期，这一类活动能帮助学员提神醒脑、振奋精神。这一类活动设计或选择时一定要兼顾全员，避免小范围的体验或限制部分学员参与。

2. 实施流程

①陈述活动名称。参训学员需要清楚地知道培训师让大家参加的是一个什么样的活动。下面，我们以“青蛙跳水”这个活动为例子来阐述如何陈述活动名称。

开宗明义

我在课程中有一个必玩的活动——“青蛙跳水”，开始活动之前，我都会明确告诉大家——“接下来，请大家体验一个非常好玩的竞技类活动，活动名称叫作‘青蛙跳水’”。

②交代活动任务。培训师要清清楚楚、条分缕析讲清楚即将体验的活动的具体任务。下面，我们、以“青蛙跳水”这个活动为例子来阐述如何交代活动任务。

预先框定

“青蛙跳水”的活动任务：按顺时针方向，每组成员同时起立并说出口令，口令为每组一句，分别是“一只青蛙”“跳入水中”“扑通”。有几只“青蛙”，就必须“扑通”几下。无论“扑通”几下，每组每轮活动只能“扑通”一次。

③明确活动规则。这是活动的关键所在，避免活动体验中发生争执或学员因活动规则模糊而产生懈怠之情。下面，我们还以“青蛙跳水”这个活动为例子来阐述如何明确活动规则。

规则明确

“青蛙跳水”的活动规则：轮到某组成员全体起立说口令，说错口令则出局，如轮到一组说“一只青蛙”，而有组员却说“跳入水中”，则出局；轮到某组成员全体起立说口令，口令顺序正确，但数量错误，也出局，如轮到一组说“一只青蛙”，结果说成“两只青蛙”，也出局；轮到某组成员全体起立说口令，有组员反应过激或反应明显滞后，也出局。

④组织实施活动。学员明确活动任务和规则后，通常要给予他们3～5分钟的准备时间，必要的情况下，可以先试验一次，接着开始正式体验。此时，培训师要注意观察并做好记录，也可以请现场的助教或工作人员协助自己，避免有违规现象不能及时发现等情形发生。

⑤导入课程主题。感性话题，理性升华，资源的运用通常要么是导

入主题，要么是论证主题。资源在前、内容在后为导入主题，资源在后、内容在前为论证主题。下面，我们还以“青蛙跳水”这个活动为例子来阐述如何导入课程主题。

导入主题

“青蛙跳水”是一个非常有趣的热身活动，刚才二组最终胜出了，让我们一起思考一下：参与这次活动，要想赢得最后的胜利，是不是需要团队成员之间的相互配合呢？当然是的。只有大家配合到位了，才有可能赢得最后的胜利，二组就做到了这一点。参与体验活动想赢需要大家相互配合，那么，培训师的课程同样需要学员的配合，怎么样才能调动学员配合培训师呢？这就需要我们运用互动掌控的技巧来调动学员配合培训师。接下来，我们就一起学习培训师如何运用互动掌控的相关技巧……

（二）故事教学法

故事教学法本质上属于案例分析法的一种，相对于案例的真实性，故事通常是虚构的。

1. 主题铺垫

①目的：防止跑题、偏题。故事是感性资源，用来导入或论证理性内容，如果缺少铺垫，学员可能不知培训师为何要讲这个故事，自然会根据自己的理解去链接自己熟悉的内容。

②方法：采用设问的方式。注意：不要问学员故事的情节，而是问学员与培训主题相关的话题，并且只问不答，培训师不用回答设问的问题。如果学员回答了，培训师给予积极回应即可，不必评价学员回应答案的对与错。

下面，我们以一个打猎的故事为例子来阐述故事教学法，我们先来讲一下如何做主题铺垫。

打猎的故事（一）

各位同学，说到了团队合作，大家很熟悉，那么，问题来了，团队成员为什么要合作呢？如果不合作会带来什么样的后果呢？有一个打猎的故事或许能给我们带来启发和思考……

2. 角色定位

①目的：增加现场感和学员的参与感。在“表达四感”里，我们讲到了通过“抓现场”来与现场学员制造互动，故事演绎也同样需要引导学员参与。一个故事通常会有主人公，只要不是极其负面的人物，由现场学员来扮演更有代入感、参与感、现场感。

②方法：位置上选择前与后搭配、左与右搭配，人物关系上注意男女有别、长幼有序，切不可颠倒次序。

下面，我们还以打猎的故事为例子来阐述如何进行角色定位。

打猎的故事（二）

故事还是接着上个案例讲述。话说北方某个偏远小镇，每到冬天积雪如山的时候，当地人就以狩猎为生，这其中有一位大名鼎鼎的神枪手，我们有请第三组的××同学扮演一下神枪手（角色定位）。神枪手每次打猎总是满载而归，其他村民羡慕不已，纷纷前来讨教狩猎经验，而神枪手（用指示手势指向第三组的××同学）总是憨笑不语。

3. 情节重现

①目的：营造代入感。故事本身是虚构的，避免学员听的过程中质疑或“出戏”，通过对情节的渲染、拿捏，让学员有身临其境的感觉。

②方法：首先，去除无关的人物和情节，培训师不要旁生枝节，围绕一条故事主线和关键人物展开故事就好；其次，多植入一些语气象声词，模拟情景。

下面，我们还以打猎的故事为例子来阐述如何进行情节重现。

打猎的故事（三）

故事还是接着上个案例讲述。有一天，神枪手发现自己的“狩猎宝典”不灵了，于是秘而不宣的“狩猎宝典”自然也就被他公开了。原来，当地人通常是夜间外出狩猎，大家都带着手电筒，沿着动物的足迹往前寻找动物，当动物足迹全无的时候，神枪手用手电筒向四周扫视，看见两个亮点就端起枪瞄准两个亮点之间开枪，“砰”的一声，此时一般可以打中猎物。但是，现在这一套方法不灵验了，大家（包括神枪手）都一头雾水。

4. 回应观点

①目的：感性话题，理性升华，形成首尾呼应，引出故事的主旨，形成有价值的观点。

②方法：将第一步的设问句变为陈述句，在观点中明确前提、主张和结论。

下面，我们还以打猎的故事为例子来阐述如何进行回应观点。

打猎的故事（四）

故事还是接着上个案例讲述。斗转星移，神枪手的儿子（如果培训现场能有匹配父子关系的两位学员，则把神枪手的儿子角色定位给相对年轻的学员、把神枪手的角色定位给相对年长的学员；如果培训现场的学员年龄差距不是很大，则神枪手的儿子这一角色不用定位）已经8岁了。这一天晚上，神枪手带着儿子再次去狩猎。很快，他们发现了猎物的足迹，跟踪到看不见的地方，神枪手拿起手电筒向四周扫视，看见了两个亮点，神枪手二话不说端起枪，瞄准两个亮点之间就开枪了。“砰”的一声，儿子飞快地跑了过去，一会儿的工夫，儿子又跑回来了，说：“爸爸，爸爸，我知道为什么打不中猎物了。当你用手电筒扫视的时候，我发现有两只兔子蹲在了一起，一只兔子睁着左眼、闭着右眼，另外一只兔子睁着右眼、闭着左眼，他们俩在相互配合呢！”

同学们，动物为了生存会彼此合作，对于我们“职场人”来说又何尝不是呢？所以说，团队合作是我们“职场人”在职场上赖以生存的基础，没有团队合作，在职场上势必寸步难行。

5. 语感口诀收结

①目的：形成余音绕梁的、有韵律感的语感口诀。语感口诀是高度的理性升华，凸显“观点”的价值。

②方法：利用语感口诀的三字诀、四字诀、五字诀、七字诀技巧来设计提炼所讲故事的语感结论，具体内容我们已经在第一章里讲述了，大家可以回看一下。

下面，我们还以打猎的故事为例子来阐述如何进行语感口诀收结这个环节。

打猎的故事（五）

话题还是接着上个案例讲述。我刚才讲的这个打猎故事，大家听后应该都有所感悟吧，这就是“独木难支遇阻碍，团队合作赢未来”。

（三）案例教学法

1. 起源

案例教学法由美国哈佛大学法学院前院长克里斯托弗·哥伦布·朗代尔于 1870 年首创，后经哈佛大学企业管理研究所所长郑汉姆推广并从美国迅速传播到世界许多地方，被认为是代表未来教育方向的一种成功教育方法。20 世纪 80 年代，案例教学法引入我国。

案例教学法是通过模拟或重现现实生活中的一些场景，让人们把自己代入案例场景，通过讨论或研讨来进行学习的一种教学方法，主要用在管理学、法学等学科，如今也广泛应用于临床医学教学中。教学中既可以通过分析、比较来研究各种各样成功的、失败的管理经验，从中抽象出某些一般性的管理结论或管理原理，也可以让学员通过自己的思考或他人的思考来拓宽自己的视野，从而丰富自己的知识储备。

2. 实施流程

①案例描述。一个完整的案例通常包含 7 个要素，即时间、地点、人物、事件、问题、解决方案、结果，培训师需要在案例讨论前详细说明这 7 个要素。

②讨论分析。案例教学法是一种典型的变告知为发现的教学方法，案例中只有情景和问题，答案需要学员主动探寻。实际教学中，可以采用小组讨论法或邻座讨论法实施该教学方法，集思广益、群策群力，避免一言堂。

③交流分享。完成讨论环节后，分享各种观点主张，可以设定顺时针或逆时针及其他的分享顺序。分享可以从正方观点组和反方观点组两个角度来展开，也可以让其他学员针对观点相左的小组（学员）发言来追加分享。

④得出结论。案例仍然是感性的资源素材，最终要理性升华，在学员分享完毕后，培训师需要结合案例导入或论证课程中的主题内容。

（四）视频教学法

1. 视频类型

①微课类，如百度秒懂、企业微课等，此类视频可以替代培训师的真人理论讲授。

②案例类。

③资源类，如搞笑短片、影视剧片段、广告等，此类视频一般时长 90 ～ 120 秒，画面高清。下面，我重点分享这类视频的实施流程。

2. 实施流程

①播放前，铺垫＋设问。这里的铺垫和讲故事的“主题铺垫”较为相似，设问是为了避免偏题、跑题。铺垫的原因在于，我们选择的视频通常是个片段，不熟悉的学员突然观看，会有前不着村、后不着店的感觉。

②播放中，侧站＋观察，即播放视频时培训师站在讲台的侧面，避免遮挡学员的视线，同时要注意观察学员的反应。那些观看视频特别认真的学员是等下发言、分享的首选对象，看到不认真观看视频的学员要及时提醒——避免一会讨论遇到“冰”。

③播放后，回应＋导入。播放完视频后，先给予大家适当的思考或讨论时间，再邀请学员分享，培训师给予点评。前有设问、后有回应，感性话题，理性升华，最终的目的是要么导入主题、要么论证主题。

与本节相关的语感口诀如下所述。

> 角度不同、观点不同。
> “喜、闻、乐、见”，一点切入。
> 抓现象、找角度、切主题。
> 素材就像多面体，只用一点切主题。

第四节 “六脉神见”

明确了参训学员的培训需求，配置了相应的理性内容、感性形式、教学活动，那么，培训师又该如何一步一步地展开这些内容呢？这就不得不提“六脉神见”（“见”通“现”，呈现之意）了。此前，我们在本书第一章曾经简要地概述过“六脉神见”（“六流程”），同时鉴于部分内容在前面的章节已论述过，本节将择要阐述。

一、第一脉：开场问候

（一）作用

①开场“破冰”。培训现场过冷、过热都是“冰”，遇到“冰”要及时破，“逢冰必破、一动就破”。

②“抓取”学员的注意力。成人的注意力有两个特点——局限性和波动性，正所谓“一心不能二用”，即使一用也无法保持长久。

（二）方式

①停顿强调，利用“异声拢场”和鲍勃·派克的“90-20-8”法则来化解。

②预先框定，期望大家回应什么内容，事先做好约定。

这一脉在第一章有详细的论述，读者朋友可以回看，以加深印象。

二、第二脉：自我介绍

（一）作用

①拉近距离。高效的自我介绍会让学员眼前一亮，会博得学员的好

感、拉近与学员的距离，学员会更容易接纳培训师。

②建立关系。老师是站着学员，学员是坐着的老师，自我介绍能体现培训师的职业高度。好的自我介绍有理性的一面，也有感性的一面，会引发学员的好奇心，能强化他们一探究竟的意愿，会让他们主动走近培训师、“走进”内容，容易建立良性的师生关系。

③记住自己。培训师利用自身的特点，设计独特的自我介绍，帮助学员形成关联记忆，会让学员更容易记住培训师。

（二）方式

①汇报式：培训师梳理过往经历，罗列自己经历过的职业角色，以及自己取得过的典型成就。

②阶段式：培训师将自己的职业生涯按时间、工作单位、职业角色等维度分为若干个阶段，分阶段介绍自己。

③互动式：培训师利用关键信息筛选法与学员互动，以此来介绍自己，既达到“破冰”的效果，又实现了自我介绍的目的，体现培训师工作和生活两个不同的方面。

④比附式：培训师将自己与学员熟悉的人、事、物进行关联，以此来介绍自己，帮助学员产生联想记忆，提升记忆的效果。

⑤幽默式：面对相对熟悉的学员，培训师可以利用开场诗、定场诗的方式，诙谐、幽默地让自己亮相。

这一脉在第一章有详细的论述，读者朋友可以回看，以加深印象。

三、第三脉：导入主题

（一）作用

①“抓取”学员的注意力。美国著名教学设计理论家 R.M. 加涅终身致力于研究人类的学习及学与教的系统设计。他从学习的类型及相应

的基本先决条件和辅助先决条件来分析学习任务，于 1992 年提出了著名的“九大教学事件”，其中的第一个教学事件即为“引起学生注意”。比如，有特色的自我介绍、相关有趣的“段子”、时事热门话题、一个有陷阱的问题、简单的热身游戏、自嘲型开场、视频引入等都能“抓取”学员的注意力。

立竿见影

安全类的课程通常是制造型企业内训师必讲的课程，可是这一类课程比较死板、理性，往往给人很“干”、很“硬”的感受，内容大都是一些管理制度、规范、规定等，总之是这也不允许、那也不允许，学员或员工感觉像套上了好多个紧箍咒。所以，当公司开展安全三级培训（公司级、部门级、班组级）时，敷衍了事、形式主义比较严重。

我就职奇瑞的企业大学期间，针对公司级安全培训的课程，我们精挑细选了一些典型的导入资源，特别是事故现场的视频资源。在后来的现场评估反馈表中，居然看到这样的反馈，“老师，这个课程以后可不可以放在下午讲”。经过了解才知道：部分学员看完视频，中午饭都差点吃不下去了。看来，培训是有明显的效果的。

②引入新知。新知是相对于旧知的概念，培训师课程中讲授的知识，通常是学员不熟悉或知之不多的内容。因为内容不熟悉，人们接受往往有难度，那么，培训师在展开新知之前就需要做好必要的铺垫，利用学员的已知来引入新知，这个动作其实就是导入主题。R.M. 加涅的“九大教学事件”的第三个教学事件明确为“唤起先前经验”，教育技术理论家和教育心理学家戴维·梅瑞尔教授在五星教学法中也明确提出了“聚焦问题 – 激活旧知 – 学习新知 – 练习新知 – 融会贯通”。

（二）方式

①“蹭”热点。利用热点话题、时事新闻及家长里短等学员相对熟悉的资源导入主题。常见的热点话题有：个人角度的热点话题，如公众人物的言论、动态、作品等；行业角度的热点话题，主要有行业动态、学术进展、名家名言等，比如汽车行业“新四化”的话题；国内、国际时事新闻等，如减税、免税的话题。

②“戳”痛点。利用感性资源，折射出学员存在的不足之处，从而导入主题。常见的痛点话题有：态度类话题，主要指学员在观念的认知层面存在不足；技能类话题，主要指学员在技能的实操层面存在不足；知识类话题，主要指学员在知识的储备层面存在不足。

③说亮点。说亮点的关键在于 3 点：找到问题点，抓住关键点，挖掘价值点。

找到问题点：导入的资源与讲授的课程主题中都有相似的问题，能有效解决，那么，课程的效果就得到保障了。下面，我们以韦东奕的故事为背景来阐述如何找到问题点。

韦东奕成长历程的启示（一）

有段时间，和北京大学助理教授韦东奕有关的话题连续登上“热搜”排行榜。韦东奕被人们称为北大“韦神”，而其独特的解题方式被人们称为“韦方法”。韦东奕的成长历程对我们在孩子的教育上有什么样的启示呢？今天，我们就和大家讲讲家庭教育的相关话题……

抓住关键点：在众多影响因素中，抓住最为关键的一点。下面，我们还以上文韦东奕的故事为背景来阐述如何抓住关键点。

韦东奕成长历程的启示（二）

话题还是接着上个案例讲述。了解了韦东奕的家庭情况，尤其是他的父母的过往经历，大家有没有发现，孩子的成长与父母在其启蒙阶段的影响有着至关重要的关系。那么，父母在孩子的启蒙阶段如何更正向地引导孩子的成长呢？今天，我们就来讲讲启蒙教育的相关话题……

挖掘价值点：挖掘重要思路或方法，解决了学员的问题，凸显了课程的最大价值。下面，我们还以上文韦东奕的故事为背景来阐述如何挖掘价值点。

韦东奕成长历程的启示（三）

话题还是接着上个案例讲述。通过走访韦东奕的亲人，人们发现兴趣是韦东奕一路走来的助推器，是他成长中的最大价值点。那么，作为父母的我们该如何引导孩子发现、发展、发挥自己的兴趣呢？今天，我们就来讲讲孩子的兴趣培养的相关话题……

（三）流程

①引入话题。描述一个喜闻乐见的感性资源，如前文中的韦东奕上“热搜”排行榜的事例等。

②引发思考。提出与培训主题相关的问题，引发学员思考。请注意：导入主题环节只问不答，答案在课程内容中呈现。

③引出主题。资源里的中心思想和讲授课程的主题是一致的，形成用已知求未知的效果。

（四）技术

话锋一转是导入主题环节必用的技术，大量信手拈来的感性资源需要与理性内容融合，话锋一转就相当于它们之间的黏合剂。

韦东奕成长历程的启示（四）

话题还是接着上个案例讲述。由韦东奕上“热搜”排行榜事件足见教育要从兴趣抓起，内训师的课程也是如此，激发起学员的兴趣，才能引起学员的注意。要想了解学员的兴趣，就需要做好课前的调查，接下来，我们讲授“培训需求调查”这个知识点……由韦东奕上“热搜”排行榜事件足见父母在孩子成长过程中扮演着不可忽略的角色，同样，内训师在课堂上也应扮演自己应该扮演的角色，那么，内训师都应扮演哪些角色呢？接下来，我们讲授“内训师角色认知”这个知识点……由韦东奕上“热搜”排行榜事件足见夯实基础的重要性，同样，内训师也需要扎扎实实地打好自己表达的基础。接下来，我们讲授“内训师的情绪语言”这个知识点……

资源里有个概念 A，课程中也有个概念 A，只要两个 A 是同一个意思或同一个词，话锋一转就轻松实现了二者的链接。具体流程如下：①描述资源，引入一个与主题相关的感性资源；②选择角度，也就是概念 A，概念 A 必须是资源和内容同时具备；③导入主题，与培训主题发生关联，以已知导入未知。

四、第四脉：核心内容

（一）作用

核心内容是整个课程的核心所在，好课程的“三要素”分别是理性、感性、互动，核心内容也就是这 3 个要素的融合。

一迎一合

我们在前文经分享过一个“八大菜系”的案例，分别是鲁菜、川菜、粤菜、苏菜、浙菜、闽菜、湘菜、徽菜。简而言之，不同地方的人对同一道菜口味的要求是不一样的。比如，客人来自广东，可能清蒸鱼更合他（她）的胃口；客人来自上海，可能糖醋鱼更合他（她）的胃口；客人来自重庆，也许剁椒鱼头、花椒鱼、烤鱼等更合他（她）的胃口……那么，问题就来了，饭店的服务人员怎么才能知道客人好哪一口呢？这就得问客人，于是会形成下面这样一段对话。

服务员："先生，您好！请问，你们想吃什么菜？"

客人："我想吃鱼。"

服务员："没问题，我们店里的厨师会 20 多种做鱼的方法，请问您想吃哪一种鱼呢？"

客人："我想吃酸菜鱼。"

服务员："好的，您稍等。"

…………

在上面这段对话里，"三要素"被淋漓尽致地展现出来。

①鱼——内容，理性的，解决了吃什么的问题，课程中对应地解决了讲什么的问题。

②做法，酸菜鱼——形式，感性的，解决了怎么吃的问题，课程中对应地解决了怎么讲的问题。

③问答——互动，闭环的，解决了酸菜鱼和客人之间的关系，课程中对应地是内容与学员的关系。

（二）方式

1. 知识类课程

①讲，理性的内容，通常是核心概念，比如好课程"三要素"。

②述，解释理性内容，比如"'三要素'，即理性内容解决讲什

么的问题、感性形式解决怎么讲的问题、互动关联解决什么关系的问题”。

③论，运用“喜、闻、乐、见”进行有效的论证，资源要符合“不三不四”1∶3的比例，比如前文我们说的做鱼的案例。

2. 技能类课程

①讲，即讲述课程中的核心概念，比如“麦克风的使用”。

②演，结合使用的要领，培训师进行演示，通常培训师以示正为主。

③练，学员根据规范动作、流程进行现场演练。

④评，通常采用大众点评及互相“拍砖”的形式进行，培训师给予最终的反馈。

五、第五脉：总结回顾

（一）作用

《谚语选·写作篇》有云：“常说口里顺，常写手不笨；常积材料富，常观眼力敏；织衣织裤，贵在开头；编筐编篓，重在收口。”其中，“编筐编篓，重在收口”一语点破总结回顾的重要性。艾宾浩斯遗忘曲线告诉我们，学员学习的内容，如果没有及时总结，20分钟之后，只能记住58.2%的内容；1小时之后，只能记住44.2%的内容……

“樊登读书”和“得到”这两个App，很多培训师应该很熟悉，我也是这两个App的用户。出差旅行的路途中、晚间运动时，甚至午休时，我常利用碎片化的时间打开这两个App给自己“充电”。或许是培训师的职业病，对于主播们的声音和风格也想说上几句（框定一下：此处只是个人的看法，没有任何恶意，请樊登老师和“得到”上的各位老师海涵）。樊登的读书风格比较轻松、随和，有点拉家常的感觉，在分享书本内容的同时，他经常结合自己的过往经历做展开论述，特别具有画面感，比如他在央视的工作经历、“樊登读书会”的运营情况、儿子的教育话题等，特别是不断与此前讲过的书进行链接，启发听众去听下一本书。但是，樊登老师讲书没有及时进行总结，无论是章节小结还是课后大总结，或者说即使有总结，也是草草带过。每当我们想知道他讲过哪些内容，要么重复收听，要么点击导图、文字稿。可是，在我的使用场景里，通常是以听为主，此时如果再去点亮手机找寻导图或文字稿，属于企业精益生产管理中最常见的八大浪费中的“动作浪费”。当然，这里只是我作为一名 TTT 导师的一家之言，是我作为樊登老师“粉丝”的个人见解，樊登老师请勿怪。“得到”里的主播，基本为职业主播，从职业感觉上来说更加的职业和规范。比如,《三体》三部曲，上百万字的文字内容，听完主播怀沙老师的分享，我居然可以在课堂上把 80% ～ 90% 的图书内容复述给学员，这最主要得益于怀沙老师不断地总结回顾，有兴趣的读者朋友可以感受一下。

（二）方式

①万能公式：“一梳”，“二呼”，“三谢”。

②复述、串讲：复述依顺序，串讲论逻辑。

注意：这一部分涉及大量的实操技术和流程，我们将在本书第五章详细阐述。

六、第六脉：致谢结束

（一）作用

①约定俗成，善始善终。课程的结束需要仪式感，正所谓“上场不紧张，下场不仓皇”。

②理性升华。课程的最后需要一个高潮的点燃，让学员意犹未尽，君不见电影结尾往往会有“彩蛋”吗？

③呼吁行动。课程的结束意味着应用的开始，课程结束，培训师要

提示学员学以致用，赶紧行动起来。

（二）方式

①引经据典，运用富含行动的典故、寓言收场。

扁鹊三兄弟的故事

据《史记》记载，魏文王曾问扁鹊："你们三兄弟中谁的医术最好？"扁鹊回答："长兄医术最好，中兄次之，我最差。"魏文王说："可以说出来听一听吗？"扁鹊说："长兄治病，是治于病情未发作之前，由于一般人不知道他事先能铲除病因，所以他的名气无法传出去。中兄治病，是治于病情初起之时，一般人以为他只能治轻微的小病，所以他的名气只及于乡里。而我是治于病情严重之时，在经脉上穿针管来放血、在皮肤上敷药……所以，大家都以为我的医术最高明，名气因此响遍天下。"

上面这段话便是后人津津乐道的扁鹊三兄弟的故事，在课堂上，培训师可以用类似的典故引出"早行动早受益"的观点。

②名家名言，运用名人、业界泰斗、"大咖"的经典语句，引导学员行动起来。

③语感口诀，运用语感口诀，呼吁学员行动起来。如"有用则有用，无用则无用""'道'可顿悟，事须渐修""卓越是方向，成就在路上"等语感口诀，运用得当，效果倍增。

④"空手道"活动，不借助外物，只用手上的动作说明道理。例如，我在课堂中经常运用"摸脑门"的小活动，在课程的最后往往让学员有意想不到的收获。

与本节相关的语感口诀如下所述。

织衣织裤，贵在开头。
编筐编篓，重在收口。
复述依顺序，串讲论逻辑。
常说口里顺，常写手不笨。
常积材料富，常观眼力敏。

本章小结

第三章的内容是魅力表达，是本书的重点，掌握并能灵活运用将是高效培训的保障。本章内容丰富、技术点较多。第一节讲的是培训需求，这是培训的源头，借助“望、闻、问、切、讨”5种调研方法和组织整体、工作任务、工作绩效 3 种分析方法，把握需求、对症下药。第二节讲的是情理并茂，这是培训“本来就好玩”的体现，理性话题要感性演绎，感性话题要理性升华，内容形式配置“不三不四”，营造画面感、对话感、现场感、韵律感。第三节讲的是“喜、闻、乐、见”，这是素材资源的 4 种形式，要多途径收集素材，做活动、讲故事、举案例、看视频是常见的 4 种教学方法。第四节讲的是“六脉神见”，第一脉是开场问候，关键所在是停顿强调、预先框定；第二脉是自我介绍，汇报式、阶段式、互动式、比附式、幽默式 5 种自我介绍方法任读者朋友自由选择；第三脉是导入主题，关键内容是“蹭”热点、“戳”痛点、讲亮点；第四脉是核心内容，理性解决讲什么、感性解决怎么讲、互动解决什么关系；第五脉是总结回顾，复述依顺序，串讲论逻辑；第六脉是致谢结束，引经据典、名家名言、语感口诀、“空手道”活动 4 种方式都要熟练掌握。

第四章

互动、控场："眼勾""手抓"，"话打""声拉"

阅读、学习本章，您能解决以下几个问题。

① 成年学员学习过程中有哪些特点，应该如何应对？

② 互动时有哪些常见的"雷区"，如何避免呢？

③ 互动的基本原则有哪些，互动的方式有几种？

④ 开场、过程、收场等环节有哪些好用的活动？

⑤ 如何做到全程互动？变讲为问的实施要点是什么？

⑥ 提问环节，无人问津怎么办，要点名提问吗？

⑦ 课程讲授过程中，有学员睡着了怎么办，需要叫醒他（她）吗？

⑧ 讲课过程中，忘词了，怎么办？讲错了，怎么办？有学员抬杠，怎么办？

第一节　成年人的学习特点

"无互动，不培训"，理性、感性、互动是好课程的"三要素"。作为培训师的你，假如做学员也会厌恶没有互动的"炒干货"，那真正的学员当然会有同样的诉求。要想做好课程的互动，首先还得了解互动的对象，正所谓"知己知彼，方能百战不殆"。

成年人与孩子不同，有许多过往的经验。那些通过自己亲身体会总结出来的经验，我们称之为直接经验，比如把手放入煮沸的开水中会烫伤；但是，并不需要所有人都得把手放入沸水才能知道会被烫伤的道理，有过直接经验的人或知道此经验的人会告诉他人，这样的经验就叫作间接经验。当然，不论是直接经验还是间接经验，都是人类实践的结果。

很多培训师提倡"空杯心态"，但学员真的能"空杯"吗？很显然，"空杯"太难，因为"杯子里的水"是学员多年摸爬滚打出来的经验累积，凝结着汗水和泪水，想让他们把它抛开，谈何容易！所以，培训师首先要对成年人的认知习惯有真正的了解。成年人，尤其是职场人士，不再是需要单纯的接受知识补充，还需要技能传授以保证自己的绩效增长，所以，"师者，传道、授业、解惑也"。成年人有自己特有的学习特点，简单来说是6个学习特点：希望认同、目的性强、经验主义、实用主义、记忆力差、容易疲劳。

一、特点一：希望认同

（一）特点简述

成年人和孩子一样，也希望得到他人的认同。所以，每一位学员都异常渴望得到培训师的夸赞和表扬。认同既不需要多花精力又不需要多花金钱，培训师为何不能多给予学员一些呢？然而，有一些培训师为了体现自我所谓的高度，总是绷着脸，摆出一副拒人于千里之外的架势，让学员望而生畏。特别是互动环节，更是采用打击否定的回应方式，让学员无地自容，甚至心生恨意。其实，培训师这样做也为后面的课程内容展开埋下了隐患。培训师要有乐于从众的心态，要开放、接纳所有状况，包含不可预见的部分，多回应学员“您说的有道理”，充分尊重和肯定每一位学员，比如问答环节，即使学员没有给出正确的答案，培训师也可以针对学员能积极回应这样的表现行为予以肯定。

好孩子都是夸出来的

作为父母，操心孩子的学习是人之常情，谁不望子成龙、望女成凤呢？可能是从事教育培训行业的缘故吧，我想做个开明的父亲，对于孩子不喜欢的课外辅导班，我一般不强求。

我的小孩读小学一年级的时候，我问其想上哪一类的课外辅导班，孩子表示什么都不想学。所以，我的小孩整个一年级的周末几乎都是在看电视和各种潇洒的娱乐活动中度过的。说句心里话，每每周末看到楼上楼下、左左右右的邻居带着孩子背着书包、扛着琴、拎着棋去上课外辅导班，我内心还真是很着急。

很快到了小学二年级，我总觉得还得给孩子报个什么课外辅导班为好，于是再次征求他的意见，他居然一口气说出了很多个兴趣班，比如乐高、架子鼓、英语、跆拳道、游泳等，可能是过去一年班级内部孩子们的相互影响所致吧。但是，他不可能一下子学习这么多，也不能隔三岔五就换个兴趣班吧。为此，我带着孩子把他所有想上的课外辅导班都体验了一遍，最后郑重其事地告诉他可以选择两个，不管选择哪两个，一旦选择了就得坚持，不允许放弃。没想到孩子很认真地告诉我，他的选择是架子鼓和英语，原因是体验架子鼓时，老师让他示范给其他小朋友看，并且"狠狠"地夸奖了他；上英语体验课时，因为积极发言，老师发给他 10 颗小星星，据说小星星积累到一定的数量就可以换礼品。好吧，既然如此，那就报了这两个课外辅导班。果不其然，我的小孩选择以后一直在坚持，虽然上课外辅导班的过程中也会出现一些让其不"爽"的情形，但为了当初的承诺，他也忍住了。直到今天，这两个课外辅导班，他还在坚持上，也让他获益匪浅，这也是他在班级里面"傲娇"的资本。大家看看，好孩子都是夸出来的，何况是成年人呢？

（二）应对策略

我在课程中设置了很多"加分"环节，无论是学员个人的积极回应，还是团体的竞技 PK，我都会给予其相应的积分。课程结束，再来个"积分兑换"（本书第一章里有详细论述，请读者朋友回看）。事实证明，成年人有时会为那"不值钱"的一分争得面红耳赤，如此，我们的策略也成功了。

二、特点二：目的性强

（一）特点简述

众所周知，现在工作的节奏快和"内卷"让每一位职场人士都苦不堪言，有些参加培训的学员甚至是被强迫来学习的，学习的积极性自然就不高；但是，主动参加培训的学员却是带着偌大期望来的，换句话说，来就是要学习"干货"的。那么，问题来了：二者之间是否能匹配呢？若是差了，那就风马牛不相及了。所以，这需要培训师每次的课堂呈现一定要把握需求，对于被动来学习的学员，利用其感兴趣的部分充分调动其听课的欲望；对于主动来学习的学员，自然是"缺啥补啥"了。怎么做到呢？可以事先访谈了解，可以在正式内容展开前做小组研讨——本次的学习目标是什么，尤其是在讲授过程中，要以学员的反应为依据，根据学员对某个要点的反应情况及时调整、改善。

投其所好

有一对小夫妻与丈夫的父母同住。一天早上，老太太看到儿媳妇有妊娠反应，很高兴，就问儿媳妇："佳佳，怀孕几个月了？"

儿媳妇答："大概有 3 个月了。"

老太太又问："你现在最想吃什么？"

儿媳妇答："我现在最想吃李子，特别是酸李子。"

老太太说："妈把手头上的家务活儿干完，马上就去给你买酸李子吃。"

儿媳妇高兴地说："妈，谢谢您。"

老太太笑着说："谢什么，一家人不说两家话嘛。"

过了一会儿，老太太提着购物袋满面笑容地来到小区门外第一家水果店，见到年轻的店主就问："有李子卖吗？"

年轻店主见有生意，马上迎上前说："老太太，买李子啊？您看我这李子又大又甜，还是刚进来的，新鲜得很呢！"

没想到，老太太一听，竟扭头走了。年轻店主很纳闷：奇怪，我说的话不对吗，是哪里得罪老太太了？今天真倒霉。

老太太来到第二家水果店，见到 30 岁左右的店主，也问了一个同样的问题："有李子卖吗？"

30 岁左右的店主马上迎上前说："老太太，您要买李子啊？"

老太太回答："是啊。"

30 岁左右的店主又问："我这里的李子有酸的也有甜的，

您是想买酸的还是想买甜的？"

老太太说："我想买一斤酸李子。"

于是，30 岁左右的店主就给老太太称了一斤酸李子，老太太付了钱，手提酸李子回家了。

儿媳妇见到酸李子，高兴的劲儿无法用语言来形容，一会儿就把一斤酸李子"消灭"干净了。老太太看在眼里，喜在心头，对儿媳妇说："佳佳，我明天再去给你买酸李子，这次多买点。"

第二天，老太太早早把家务活儿做好，又出门去购买酸李子了。她心想，今天再换一家水果店试试。于是，她就来到了第三家水果店，见到一位 40 岁左右的中年店主，下面是她和中年店主的一段对话。

老太太问："有李子卖吗？"

中年店主马上迎上前说："我这里的李子有酸的也有甜的，您是想买酸的还是想买甜的？"

老太太回答："我想买 2 斤酸李子。"

中年店主一边给老太太称李子，一边问："在我这儿买李子的人一般都喜欢甜的，您为什么要买酸的呢？"

老太太回答："我儿媳妇最近怀孕啦，特别喜欢吃酸李子。"

中年店主满脸笑容地对老太太说："哎呀！那要特别恭喜您老人家了，快要抱孙子了！有您这样会照顾儿媳妇的婆婆，您儿媳妇真是有天大的福气啊！"

老太太客气地回答："哪里！哪里！怀孕期间当然最要紧的是吃好，胃口好，营养也要好啊。"

中年店主十分关心地说："是啊，怀孕期间的营养是非常关键的，不仅要多补充些高蛋白质的食物，还要多吃些水果。听说多吃些维生素丰富的水果，生下的宝宝会更聪明些！"

老太太诧异地问："是吗？哪种水果富含维生素呢？"

中年店主回答："很多书上都说猕猴桃的维生素含量最丰富。"

老太太问："您这儿有猕猴桃卖吗？"

中年店主回答："当然有，您看我这里有新西兰进口的猕猴桃，个儿大、汁多，富含维生素，您要不先买一点儿回去给您儿媳妇尝尝？"

老太太问："猕猴桃多少钱一斤？"

中年店主回答："老太太，这种猕猴桃不是按斤卖的，而是按个卖的。"

老太太问："多少钱一个呢？"

中年店主回答："5 元钱一个。"

老太太说："这么贵啊！一个猕猴桃的价钱都赶上一斤李子的价钱了，太贵了！"

中年店主回答："这种猕猴桃是比较贵，但是，为了您的宝贝孙子，这点投资值得，您说呢？"

老太太说："您说的也在理，那就先买 6 个尝尝吧！"

这样，老太太不仅买了 2 斤酸李子，还买了 6 个进口的猕猴桃。从此以后，老太太几乎每隔一两天就要来第三家水果店里买各种水果，不但自己成了这家水果店的忠诚客户，还介绍了许多朋友来这家水果店购买各种水果。

（二）应对策略

上面故事中的老太太和店主的关系，是不是很像培训师和学员的关系呢？这就是成年人学习的第二个特点——带有明显的目的性。学员往往会把培训师讲述的内容假想为与其需求不匹配，参加培训反倒是耽误时间，甚至需要部门派人参加学习时，通常是大家认为最闲的那个人会被派来——不管学习到了多少知识、技能，反正也用不上；而培训师的想法恰恰相反，培训师认为自己准备的授课内容很符合学员的需求，这就造成了认知上的巨大差距。

应对上述差距，首先需要培训师事先做好充分的需求调研和备课准备，其次要利用我们前文讲过的鲍勃·派克的"90-20-8"法则积极调动学员全身心投入学习，做到张弛有度、动静皆宜。

三、特点三：经验主义

（一）特点简述

成年人之所以叫作成年人，很重要的一点就是有着过往丰富的阅历。人类本能地具备了自我总结和提炼经验的能力，比如我们中国人的祖先从最开始的结绳记事到甲骨文（商）、金文（周）、小篆（秦）、隶书（汉）、楷书（魏晋）、行书，形成了"甲、金、篆、隶、草、楷、行"的汉字七体，这就是对人类的经验提炼能力的最好诠释之一。经验如此的来之不易，成年学员怎么可能轻易放下呢，所以，经验主义是成年人学习中一个很重要的特点。但是，经验主义也给学员带来了思维上的禁锢，会形成其"满杯"的心态。

与时俱进

从前，有一位老爷爷以卖草帽为生。他年老了，卖不动草帽了，就把这份产业传给了他的孙子。这一天，老爷爷给孙子讲了一段故事。话说老爷爷年轻的时候，有一次挑着两大摞草帽路过一个山岗，时值中午，又是暑天，他就放下担子在一棵大树下的荫凉地里打了个盹儿。老爷爷醒来后发现两大摞草帽没了，只有自己睡觉枕的那个草帽还在。他抬头往大树上一看，大树上有许多猴子，每个猴子都戴了一个草帽。老爷爷当时心想：猴子会模仿人的行为的，何不……于是，他把自己仅剩的草帽扔了出去。没出老爷爷所料，随即，猴子们一个个地都把草帽扔了下来。

真巧，老爷爷的孙子不久后也遇到了当年他爷爷遇到的事情，也是路过一座小山，也是中午在大树下休息。睡了一觉，醒来后发觉大树上也有一群猴子把自己的草帽戴到头上了。孙子心中暗喜，于是，他就从容地也把自己仅剩的草帽扔了出去。结果，树上的猴子都没有扔草帽。孙子大惑不解，正在这时，树上的一只老猴子说话了："你以为只有你有爷爷啊。"

（二）应对策略

成年人的经验无法消除，培训师在授课过程中不用思考如何"抹杀"成年学员的经验，可以引导学员换个角度思考问题，透过经验看本质，追问法就是一个非常有价值的工具，即揪住一个问题不放松，直到探究出问题的根源。

追本溯源

很多年前，位于美国华盛顿特区的杰斐逊纪念堂存在一个大问题：由于纪念堂的石头腐蚀得比较厉害，使得维护人员大伤脑筋。与此同时，游客们也抱怨纪念堂长期失修，没有得到有关部门的重视。下面是当时的问题清单：①石头被腐蚀；②游客抱怨；③维护人员花大量的时间清洁；④纪念堂的外观达不到标准；⑤清洁成本一直在上升。

想象一下，如果你是主管维护杰斐逊纪念堂这项工作的人，你会怎么处理呢？经验告诉你，答案其实很简单：更换石头，毕竟纪念堂建造的时间很久了，是时候修修它了。

追问一：石头为什么会被腐蚀呢？

调查发现，因为维护人员频繁地清理石头，所以石头会被腐蚀。这时，经验告诉你，还是会有一系列的方案解决这个问题的：①使用磨损小的清洁剂；②使用温和的化学清洁剂；③更换新的石头，以降低清洁频率；④不做什么，只是向游客解释这只是一个古老的建筑。

后来的一系列调查发现，其他用同样石头建成的纪念堂并没有被腐蚀，或者不需要如此频繁的清洁。

追问二：为什么一直在清理杰斐逊纪念堂？

答案是那些经常光顾杰斐逊纪念堂的鸽子等鸟类留下了太多的粪便。

追问三：为什么会有这么多的鸽子等鸟类来到杰斐逊纪念堂呢？

答案是因为杰斐逊纪念堂周边有大量的蜘蛛可供鸽子等鸟类觅食。

调查到这里，你可能会尝试一种新的解决问题的方法，你会问自己："我们为什么要雇这么多人清理杰斐逊纪念堂？难道不用这么多人就不能解决问题吗？"例如，买些杀虫剂，杀死这些蜘蛛。如果没有蜘蛛，鸽子等鸟类就会离开；如果没有鸽子等鸟类，就没有粪便；如果没有粪便，就不需要频繁地清洁。看，问题就这么解决了，看上去很迅速、很直接地找到答案了。但是，这还不是最终的答案。

追问四：为什么杰斐逊纪念堂周边会有大量的蜘蛛呢？

答案：蜘蛛是被大量的飞蛾吸引过来的。

如果只是追问到这里，你可能会采取的措施是：用杀虫剂驱除飞蛾和蜘蛛，但此方案的缺点是这些杀虫剂对石头的腐蚀性可能更大。另外，哪个游客愿意闻那些化学品散发出来的气味呢？难道杀虫剂不会影响游客和工作人员的健康吗？

追问五：为什么杰斐逊纪念堂周边会有大量的飞蛾呢？

答案：飞蛾是被傍晚时杰斐逊纪念堂的灯光吸引来的。

实际上，我们此时才找到了真正的原因。

追问六：为什么灯光会吸引飞蛾呢？

答案：灯光会吸引飞蛾是飞蛾的天性所致。你只需要知道飞蛾是被灯光吸引而来并导致了一连串的后续反应即可。你一旦找到了根源，思考可能的解决方案并付诸实施就行了。

追问七：那么，解决方案到底是什么呢？

答案是给杰斐逊纪念堂的所有窗户都装上不透光的窗帘，傍晚及时关上窗户并拉好窗帘。这样，晚上开灯后，从外边看杰斐逊纪念堂就看不到灯光了。没有了灯光,就没有了飞蛾；没有了飞蛾，就没有了蜘蛛；没有了蜘蛛，就没有了鸽子等鸟类；没有了鸽子等鸟类，就没有了粪便。

看到了上面的故事了吗，这就是追问的力量，探究本源、反思常识，成年人的学习受过往经验影响，极有可能是只看问题的表面而非本质。所以，我们就一个问题连续地追问，找出根因并给予正确的解决方法才是正解。这个过程同时也是对丰田公司提出的 5W 分析法的实践应用。

四、特点四：实用主义

（一）特点简述

成年人学习追求“即时效果”,“有用我就学,没用我就不学”。那么，培训师的培训有用吗？我经常问学员：“培训的内容有用吗？”学员的答案是“有用”。我会追问:“真的有用吗？”学员的答案还是“有用”。这时，我会说：“没用，因为你们还没有真的去用。”所以，我们在课程中总是提倡“有用则有用，无用则无用”，一项技能只有真的运用它了，它才会发挥作用，否则，束之高阁又怎么能有用呢。当然，运用是课后的事情了，但在课堂上，培训师也要创造条件让学员体验所学习的各项技能，即使时间再紧，也要让大家亲身体验，"宁少内容，不损配置"说的就是这个道理。通过即时体验，力争"有限时间，有效训练"。

（二）应对策略

针对成年人学习的特点——实用主义，培训师在实际教学中应融入必要的演示与演练，尤其是技能型的课程或知识点，运用"讲、演、练、评"的流程，稳扎稳打、层层推进。记住，"坐在副驾驶座位上，永远学不会开车"。

五、特点五：记忆力差

（一）特点简述

成年人之所以记忆力差，一方面源于年龄增大，记忆功能衰退；另一方面是因为需要记忆的东西太多，好比 40G 的电脑硬盘，存储满了，再存储其他资料，只能删除一部分已存储的内容，那么，删除哪些内容呢？自然是存储人认为不重要的部分或价值不高的部分。艾宾浩斯遗忘曲线告诉我们：人类遗忘不可避免，遗忘的特点是"先快后慢"，同时"人们不可能记住一件事情的所有细节，也不太可能忘记一件事情的全部细节"。

家里有老人的读者朋友可能会有这样的经历，爷爷、奶奶或外公、外婆和你津津乐道地说起了他（她）的陈年往事，描述得可谓栩栩如生、活灵活现，仿佛事情就发生在眼前，可是一转眼的工夫，老人家就找不到自己的老花镜或拐杖了："咦，我刚刚明明放在这里的，怎么就找不到了呢？"其实，这就是年龄增大以后记忆功能衰退的体现。

有的读者朋友也许会有这样的经历，早晨着急去上班，到了单位，突然惊呼："哎呀，我把手机弄丢了，在哪里丢的呢？怎么一点都想不起来了呢？你看，我这个人一着急，就把事情忘得一干二净。"其实不然，还能记得手机丢了，说明这件事情并没有完全忘记，只是把最重要的信息给遗忘了。

（二）应对策略

要想强化学员的记忆，就需要对核心内容不断地总结回顾，可以采用考试、答辩、小组 PK 抢答、辩论、行为记忆法等若干种方法帮助学员强化记忆，借助语感口诀这一法宝级技术来理解记忆的效果尤其好。语感口诀，说简单点就是一些工整对仗、押韵感强且读起来朗朗上口的短词、短句、短段落，好处是方便学员记忆，容易口耳相传。形式上，语感口诀通常以 3 个字、4 个字、5 个字、7 个字的形式为主。

注：关于语感口诀，我们在本书第一章有详细讲述，请回看。

六、特点六：容易疲劳

（一）特点简述

我们这里说的疲劳不仅指学员生理上的疲劳，也指心理上的疲劳，可能是听觉疲劳，也有可能是审美疲劳，特别是自媒体如此发达的今天，很多知识类的信息，学员已经通过各种渠道先于培训师知晓了。"闻道有先后，术业有专攻"，某些方面，学员已经可以作为培训师的老师了，课程中怎么可能不疲劳呢？加之很多培训师一味地讲授纯理论，缺乏必要的感性资源和互动活动，学员无法参与，只能身心疲惫地上课。这里，最关键的是这样也无法解决学员的困惑，效果也就无从谈起了。

（二）应对策略

首先，在需求调查分析阶段精准把握需求，匹配针对性内容。

其次，在课程设计阶段借鉴鲍勃·派克的"90–20–8"法则。培训师可以每90分钟安排一次休息，休息时长可以设置为10～15分钟；每20分钟讲完一个话题，避免表述过长，拖拖拉拉，影响学员注意力的聚拢；每8分钟做一次有效的互动活动，要有意识地植入适度、适量的教学活动。

最后，在课程实施阶段利用感性的"喜、闻、乐、见"资源导入或论证理性的"干货"内容，同时配置适量的教学活动，保持1（内容）：1（形式）：1（活动）的比例，引导学员参与体验活动、分享交流学习心得。

我在前文分享过参加"引导技术"培训课程的经历，虽然也会感觉到累，但那种累更多的是因为过于投入而导致的生理上的累。正是因为课堂上有有价值的内容或活动，实际参训过程中的学员早已忽略了生理上累的感受，所以在课程结束后才反应过来。所以，我们常说"无互动，不培训"，苏格拉底也说"教育不是灌输，而是点燃"。

与本节相关的语感口诀如下所述。

无互动，不培训。
重新定义，同中不同。
探究本源，反思常识。
有用则有用，无用则无用。
宁少内容，不损配置。
常识当见识，见闻当见解。

第二节　互动的基本原则

在前面的章节里，我们曾不厌其烦地反复提及好课程的“三要素”“资源配置 1∶1∶1”“逢冰必破，一动就破”“无互动，不培训”，无外乎都在强调互动的重要性。不过，一旦互动环节没有设计好，会对培训效果产生负面的影响。

一、常见问题

（一）无人问津

无人问津恐怕是培训师最不想看到的情景之一吧。培训师精心设计了问题，可提出问题后犹如石沉大海悄无声息，现场的那种鸦雀无声会令培训师倍感不适。

关于“培训师互动时最担心什么”的问题，我曾经在课堂上做过多次调查，汇总一下大家的反馈，罗列如下：①担心没有人回答；②担心学员回答不上来；③担心学员答非所问；④担心自己控制不住场面。排在第一位的就是“担心没有人回答”，即无人问津。好多培训师为了规避上述尴尬，索性放弃了互动环节的设置，“独乐乐”由此产生。为什么会出现无人问津的情景呢？原因是多方面的，首当其冲的是培训师的问题设计本身出了问题，比如问题里经常违背“三不问”的禁忌：定义型，“高大上”，“假大空”。

在前文中，我曾分享过“东营授课”的案例，案例中的培训师受邀为参训企业讲授“精益生产”的课程，课程一开始就提问什么是精益生产，这就是典型的定义型或概念型问题。这种问题的答案通常在书上，学员没有十拿九稳的把握一般不敢轻易接老师的话茬，所以无人问津。再如，在新入职大学生培训的课堂上，培训师问“各位同学，请问我们

××公司的企业核心竞争力是什么"或"公司的'十四五'规划是什么"，这一类问题对于新入职的大学生来说，显然太过于"高大上"了。换位思考，就是公司的老员工也未必答得上来，所以无人问津。又如，有些经验丰富的长者培训师习惯在课上提问："各位学员，假如你是公司的'一把手'，你会如何管理我们的企业呢？"这种"假大空"的假设，学员如何接招呢？所以无人问津。因此，在实际培训中，培训师要慎言慎行，避免落入"三不问"的陷阱。

（二）答非所问

培训师提出问题后，学员回答的答案与理想中的答案相差甚远，我们称之为答非所问。出现这种情形的原因也是多方面的，有可能是问题表述不够精准，导致学员理解有偏颇；也有可能是培训师设定了答案，但学员始终没领会；还有可能是学员故意"歪楼"……应对的策略其实很简单，请大家记住，"只有想通，才能讲通；只有想明白，才能讲明白"。大家思考一下：培训师为什么要提问？是为了要答案吗？问题是培训师提出的，你觉得答案谁先知道？肯定是培训师已经知道答案了。既然培训师已经知道了答案，为什么还会"逼"着学员回答所谓的正确答案呢？另外，既然培训师做到了"三不问"，怎么还会存在正确的答案呢？不应该是角度不同、观点不同吗？不应该是"横看成岭侧成峰，远近高低各不同"吗？其实，我们这里说的理想中的答案也好，所谓的正确答案也好，说的只是一个答案方向。

（三）喧宾夺主

出乎意料

在中电联内训师竞赛的一次辅导现场，我安排了几位选手登台试讲，明确要求配置齐全，即"三要素"的比例要达到1：1：1，试讲时间10分钟。轮到其中一位选手时，他设计了互动环节，他说："讲到能源替代，我想请问各位学员——电力行业如何践行'双碳'呢？"这位选手的话音刚落，台下一位学员"嗖"地站了起来："老师，我是这么理解的……"该学员滔滔不绝地讲了起来，至少耗时六七分钟，试讲的总时长才 10 分钟，这就是典型的喧宾夺主了。

培训师授课过程中，尤其是一些竞赛、认证、PK 类的培训，选手担心缺乏互动而丢分，往往会提前安排"课托"。结果，"课托"用力过猛，一不小心盖住了选手的风头。这种情况其实可以在互动前利用预先框定的技术进行预防，事先做好约定，比如限时 1 分钟回答问题，或者用一句话、一个概念、一个成语来回答问题，必要时给出答案选项，确保所得皆所愿。

二、主要方式

"讲得好、问得巧、答得妙""不会问问题的老师不是好老师""做学问""不耻下问""扪心自问""打破砂锅问到底"……这些大家耳熟能详的词语都是与问相关的，由此可见问的重要性。那么，什么样的问才算是恰到好处呢？实际上，培训师的提问方式多种多样，可以有很多的选择，我们下面一一讲述。

①自问自答——设问，培训师提问、培训师自己回答，又叫明知故问，一般用于新内容的导入和铺垫。比如，培训师可以这样提问："同学们，我们在前面学习了内容和形式的概念，那么，二者有什么关系呢？"

设问是培训师在课堂上运用最多的一种互动方式。毕竟，在培训中每次都让学员回答问题，课时也不允许；同时，要引出新的内容，学员多数情况下还是不知道问题的答案。

②自问他答——提问，培训师提问、学员回答，有点点名提问的味道，

属于强制"硬互动",通常用于已讲过的内容和常识性的知识引导。比如，培训师可以这样提问："同学们，我们在前面学习了内容和形式的概念，那么，请大家说说课程中哪些属于内容的范畴、哪些属于形式的范畴？"

除了"硬互动"，培训师也可以适当地调整自问他答的形式——变成变讲为问的形式。这样，学员和培训师的互动就有了适度的缓冲，具体内容我们在下一节详述。

③他问自答——应答，学员提问、培训师回答，这种方式通常应用于培训的尾声，培训师确认培训效果或针对某个特定的知识点进行确认运用他问自答的形式可以起到很好的效果。培训师可以这样设计互动环节："同学们，今天的课程已经讲完，关于今天讲授的内容，大家有没有不清楚的部分，请举手示意。""好的，刚刚这位同学提问的是……我来解答一下……"

同样，应答的表现形式也可以多种多样，比如拍桌子、拍手、鼓掌都可以，培训师需要确认的是学员已经了解了课程内容，但不一定要做内容的复述。

④他问他答——反问，学员提出问题、学员自己作答，一般用在学员提出一个相对复杂的开放式问题后，培训师想区分学员是"真想问"还是"想表述自己的观点"的时候。比如，学员问："老师，您对内训师的职业发展规划有何看法？"请注意：学员抛出这个问题，可能是真的想问老师这个问题，但更大的可能是学员想要表达自己的观点。因为通常的培训课堂上，学员往往更多的是在扮演听众的角色，发言机会较少，此时正好遇到了互动提问环节，学员自然而然就顺势抛出了此类话题。如果是我的话，我可能这样回应学员："××同学，您提出的这个问题很有意思，不知道您对内训师的职业发展规划有何高见啊？"假如学员回答"不知道"，那么，说明他真的是想问这个问题；反之，则表明他想要表达自己的观点。在后者情形下，除非培训师的答案和学员所想的答案一模一样，否则，你直接回答学员的问题，恐怕永远也回答不到关键点上。

三、基本原则

不管使用哪种提问方式，请各位读者注意：一定要把握好尺度，"'板、散结合'，拿捏有度"，避免矫枉过正，适得其反。

HR 的奇怪问题

知乎上有个求职"段子"，说的是招聘企业的 HR 问前来求职的程序员："为什么来我们公司面试，讲讲你的优点和缺点？"在该程序员大概思考了 10 秒后，HR 又说："我问你一个问题，你就需要想那么久，你这样的态度，我们这里不欢迎。"面对这么没有耐心的面试官，这位程序员恼火了，来找工作肯定是来赚钱的，难道还是来玩的吗？之后，该程序员找到这位 HR 的上司，说这位 HR 水平太差了，不问专业能力，不问能力和岗位的匹配度，盯着无关痛痒的问题，抓不住问题的本质，公司用这个 HR 招人，能招进来人才就奇怪了。

很显然，上述案例中企业的 HR 提问有些过度了，尤其是涉及了求职者价值取向的问题，这是相对敏感的问题，求职者自然需要考虑，而且该 HR 之后带有强烈主观色彩的评判令求职者不能接受，直至被投诉，更是说明了该 HR 不称职。同样，在培训课堂上也有很多内训师用这种咄咄逼人加恣意评价的方式令学员苦不堪言，我们前文讲的"东营授课"的案例，大家还有印象吧？案例中，培训师针对学员，居然说出了"连精益生产的概念都不知道，又怎么能搞好精益生产呢"这样的话语，这就是典型的提问的尺度没有把握好，而且评价过了头的例子。因此，培训师在进行互动提问环节，需谨记两个原则：尊重他人，正向引导。

（一）尊重他人

"老师是坐着的学员，学员是站着的老师"，"闻道有先后，术业有专攻"，这些道理都告诉我们：老师和学员其实没有必然的界定标准，尤其是成年学员，有着丰富的阅历和经验，也许在另外一个场景下，学员就是培训师的老师。所以，培训师应该学会换位思考，尊重他人。

有教无类

孔子在尊重他人方面是培训师的楷模。孔子提倡有教无类，即不问出身贵贱，人人都应该受教育，这是教育史上的创举。孔子的这一教育思想和实践，改变了贵族垄断文化教育，即"学在官府"的局面，使平民得以通过学习而参与政治，从而推动了社会改革。

第一，从财产上看，孔子的弟子中有家累千金的富商子贡，也有每天菜都吃不上而只能吃白饭靠喝凉水佐餐的颜回，更有10年没穿过新衣服、衣衫破烂的曾参。孔子没有嫌贫爱富，更没有嫌富爱贫。无论贫富，只要是一心向学的青年，孔子都会收为弟子。

第二，从智力水平上看，孔子招收学生不分智力水平高低。颜回、子贡都很聪明，学习接受能力很强；而子羔、曾参这样的学生智力水平却很差。但是，经过孔子的教育，最终都学有所成。

第三，从地域看，孔子是鲁国人，他的学生却不限于鲁国，当时各个诸侯国都有学生跋山涉水地拜师到孔子门下。比如，子贡和子夏是卫国人，子张是陈国人，公冶长和子羔是齐国人，子游是吴国人，司马牛是宋国人，等等。

第四，以相貌论，孔子弟子有长得难看的，也有长得好看的。比如，有个子很高、相貌堂堂、长得像孔子的有若，也有身长不足五尺的子羔，还有相貌丑陋的澹台灭明。但是，孔子对待他们都是一视同仁。

第五，从年龄上看，孔子弟子的年龄也不受限制。有比孔子小9岁的子路，也有比孔子小几十岁的公西华。

在孔子有教无类的方针下，所有学生地位平等、亲如兄弟，沐浴在浩瀚的知识海洋中。

（二）正向引导

正向引导，弘扬正气，传播正能量；正为先，顺为主；一身正气，正人君子……这些与“正”相关的词语同样也是对培训师职业道德的约束。所以，在职业道德上，培训师要做到“两正”：内容正，导向正。

①内容正。我们在前文内容禁忌部分已经明确说过培训师的授课内容不能涉及“红、黄、黑、灰、白”，这里不再赘述。

②导向正。在课堂上，培训师务必要正向引导，避免将培训课堂变成“吐槽大会”或“牢骚大会”，要用语言和行动引导大家向正。

类似的情形，在培训课堂上其实并不少见。比如在TTT课程中，当我要求大家回去反复练习，最好多讲几堂课时，马上就会有学员吐槽：“老师，我们即使学会了，领导也不会安排我们去讲课的……”而且，通常情况下，很快就会有人附和：“是呀，是呀，我们部门也是一样的。”此时此刻，我知道是时候正向引导了：“没有关系，宁可备而不用，不可用而不备。或许这个阶段，公司还没有规划让大家讲课。既然公司邀请我来授课，说明事情已经在变化了，一旦明确下来，那时我们再学习、练习、转化，岂不是晚了吗？我们需要‘变在变之先，比早还要早’。”一番引导，培训回归正常。

与本节相关的语感口诀如下所述。

正为先，顺为主。
"三不问"，"四可问"。
探究本源，反思常识。
以终为始，依答设问。
变在变之先，比早还要早。
宁可备而不用，不可用而不备。
正向引导，弘扬正气，传播正能量。

第三节 常用的互动技巧

互动是一个特别大的话题，说简单了，只要能让学员动起来并形成闭环的活动都可以称之为互动。所以，引导活动、拓展训练、沙盘模拟、“世界咖啡”、行动学习其实本质上都是互动，对于一次课程来说就是“无互动，不培训”。这么一说，想必大家也明白了，互动不局限于某一招、某一式：点名提问是互动，变讲为问也是互动；在台下的一个点头、微笑是互动，邀请到台上发表讲话、分享心得同样是互动。总而言之，只要在课堂上能互动起来，效果一般差不了。事实证明，学员乐于接受互动式的教学，只要能因地制宜、因材施教、因人设计，培训现场往往会呈现出你追我赶的积极互动情形，有效地帮助老师和学员之间建立良好的教学相长关系。

因人而异

2015 年，我非常荣幸地受邀为某半导体公司培训 TTT，该公司是世界第三大 DRAM 制造商。这家公司网络了非常多的高端人才，可以说个个都是身手不凡，给他们上课的情形，至今还历历在目。参训的 20 多名内训师学员，几乎都是“理工男”，他们每天与机器和数据打交道的时间远远超过与人打交道的时间。培训课堂上，不论我是变讲为问还是打比方、举例子、口头论证，大部分学员都一动不动，甚至有的学员压根头都没有抬。面对这种不妙的情况，让人直冒冷汗、心里打鼓：后面还有几期课程，如果这期课程效果不佳，后面的课程自然就不好开展了。

短暂休息之后，我立马改变了授课形式。既然大家都是优秀的个体，那么，我就让大家自然发挥。我把学员分成了

3组，把辩论赛的教学方式引入课堂，辩题为：对于培训师而言，编剧、导演、演员，哪一种角色更重要？定好了辩论规则，准备完毕后立即开始了辩论。要不是现场掌控得到位，这些"辩手"们差点就当场吵起来，这下子彻底把大家不服输的特长发挥出来了。当然，辩论也不能胡乱辩论，我要求大家必须运用课程中讲到的风范架势、变讲为问、内容形式、互动控场等技术，只要运用了就给所在的小组加分。大家参与的热火朝天，根本停不下来。直到现在，分组辩论的方式还一直保留在我的课程中使用。

一、引导活动

（一）开场"破冰"环节

开场"破冰"环节的引导活动主要有入场调查、"鸡尾酒会"、分组团建、美妙（"翻车"）时刻几种。这几种引导活动我们在第一章里有详述，此处不再赘述，如有必要，请大家回看前面的内容。

（二）过程展开环节

过程展开环节的引导活动主要有信息收集、小组讨论、决策成果3种。

1. 信息收集

信息收集活动可以运用的主要工具有"CP"交流（见表4–1）、卡片传递（见表4–2）、想法列明（见表4–3）。

表4–1　"CP"交流

工具名称	"CP"交流
工具简介	引导师针对既定问题，引导所有参与者进行一对一的交流，发散思维广度，拓展思维广度

续表

适用情景	引导参与者进一步发散思维，拓宽每个人的思维广度，适用于研讨会中需要进行思维扩展和信息收集的环节，如培训开始前的自我介绍环节等
使用目的	成员交流，拓展思维
期待产出	参与者通过交流增加个人的数据积累
流程步骤	① 首先，所有参与者都对研讨问题进行独立思考 ② 给每位参与者发放若干张纸或便利贴，每位参与者都将自己的思考内容写下来 ③ 所有参与人员两两组合，分享自己的观点并记录对方的观点 ④ 有引导师掌握两两交流的时间，根据需求可以连续进行几轮交流，每轮的交流时间可设置为 3 ～ 5 分钟。每隔 3 ～ 5 分钟，一轮交流结束，每个人需要找到新的搭档参与者，再次开启新一轮的一对一交流 ⑤ 引导师根据活动需求设置搭档交换的次数，建议搭档交换的次数为 5 轮以内
注意事项	交流对象尽可能多样化，如跨专业、跨年龄、跨性别、跨小组

表 4–2　卡片传递

工具名称	卡片传递
工具简介	引导学员内部开启更有深度的头脑风暴的信息收集工具
适用情景	研讨会前端收集信息的环节
使用目的	收集信息，促进更深层次的思考
期待产出	团队成员集体智慧
流程步骤	① 把学员分成几个团队，给每个团队发一张大白纸、若干支记号笔等工具 ② 每个团队的所有成员都针对研讨问题进行独立思考 ③ 每个人依次将自己的思考内容写在大白纸上，每次只能写一条信息，而且大家书写的内容不能重复 ④ 每个团队依次进行几轮纸张传递、书写，直至大家都写不出来新东西为止 ⑤ 整理所有信息，形成数据积累
注意事项	假如有同类信息出现，需要请书写者澄清，其书写内容是否与已经存在的某一条信息是同样意思。假若不同，该条信息是否保留由书写者本人确定

表 4–3　想法列明

工具名称	想法列明
工具简介	想法列明是一种投“暗票”的头脑风暴形式，也是一种结构化研讨的研讨方法，目的是避免个别人控制会议。让所有小组成员在规定时间内独立思考并记录下自己的观点，然后按照预设的程序收集观点，直至穷尽所有人的观点
适用情景	适用于群体优先次序或进行决策的情景，以及有多种选择需要做决策的情况
使用目的	激发左、右脑同时思考，发挥集体创造性
期待产出	选出参与者认为最好的辅助决策的信息，并且该信息用于指导决策
流程步骤	第一步，主持人发言 ①陈述并澄清议题 ②规定时间并安排计时人员 ③安排记录人员 ④说明规则 ⑤鼓励所有人思考 第二步，个人独立准备 ①规定独立准备时间及每个人需要提供的观点数量 ②小组成员思考并记录自己的观点 ③不允许讨论 ④创造一个安静的环境，主持人一般不在这个过程中说话 第三步，个人发言 ①大家按顺序轮流发言 ②一次只讲一条意见，别人讲过的不再重复，略过即可 ③没有意见的越过去 ④穷尽所有人的意见 ⑤所有发言写在活动挂图或活动卡片上 ⑥期间不评论其他人的意见，但可以简单澄清 第四步，小组讨论 ①对每一条意见进行讨论，可以澄清，可以同其他条目合并，也可以删除，如果有新意见也可以进行补充或完善 ②在讨论每一条意见的过程中，询问大家是否有所启发。如果突然出现了新的观点，可以随时加进来 ③所有意见梳理完成后，可以进行观点的整合 第五步，小组决策 ①所有成员根据自己认为重要的程度和准备的程度从全组列出的意见中选出若干条（如 5 条），然后排列打分（例如，排在第一位的给 5 分，排在第五位的给 1 分） ②所有意见的分数各自相加，得分最多的几条（如 5 条）意见即为集体的意见

续表

流程步骤	第六步，宣布结果 ①回顾研讨过程 ②重申决策过程 ③明确下一步行动 ④感谢大家的参与
活动道具	想法列明画布（或活动挂图、活动卡片）、记号笔等

2. 小组讨论

小组讨论活动可以运用的主要工具有 Me We Us（见表 4–4）、“小组擂台”（见表 4–5）、“世界咖啡”（见表 4–6）。

表 4–4　Me We Us

工具名称	Me We Us
工具简介	Me We Us 由 20 世纪 50 年代德克萨斯中学的老师们创造，是一种分阶段设计的交流方式，可以与其他引导工具混搭使用，用于解决单一问题的讨论，适合引导师在每一个阶段使用
适用情景	会议中气氛不热烈，参与者讨论不起来，讨论现场失控或讨论成果不均，得不出有用的结论
使用目的	①发散思维，全员参与 ②分享、学习，主动建构 ③独立思考，外化表达
期待产出	充分收集信息并形成一致的解决方案
流程步骤	① 先让每位参与人员针对要研讨的问题进行独立思考（Me，首时沉默） ② 请参与人员把自己的思考内容写在 A4 纸或便签纸上（Me，首时沉默）。注意：要一纸一观点、横向书写、字大体正、语义清楚，不能是单个名词词语，至少是动词短语 ③ 让每位参与人员在小组内部依次发表自己的观点并讨论形成组内的结论成果 (We) ④ 以小组为单位，派代表依次针对研讨的问题进行发言，收集各小组的研讨结论（Us） ⑤ 针对所有研讨结论进行评估，选出 1 个或多个解决方案，将解决方案写在墙上的挂图上
注意事项	①如果产生冲突，让大家澄清问题，达成共识 ②结合另一个活动工具——“小组擂台”，一组一组地轮流发表观点

表 4–5 "小组擂台"

工具名称	"小组擂台"
工具简介	引导和刺激大家的竞争意识，是一种不同团队积极参与研讨的工具
适用情景	年会、团建、培训活动等
使用目的	激发大家的竞争意识，刺激大家深度参与活动
期待产出	更活跃、更热烈的研讨环境与气氛
流程步骤	第一步，讨论准备 ① 根据全场参与者人数分组，每组 4 ～ 8 人为宜 ② 每个小组内各个成员进行编号，如 1 组成员 1 号为 1–1、2 号为 1–2……2 组成员 1 号为 2–1、2 号为 2–2……以此类推 ③ 选出小组长、计时人员 ④ 说明规则及积分原则 第二步，研讨过程 ① 所有参与人员根据研讨主题进行独立思考 ② 以小组为单位轮流发言，每组的 1 号选手按 1–1、2–1、3–1 等的次序首先发言，然后是每组的 2 号选手按 1–2、2–2、3–2 等的次序接着发言……以此类推，直至所有成员全部发言完毕。发言人所讲内容不能与之前的人的发言重复，一旦重复则直接出局 ③ 引导师统计、记录所有观点，根据结论给予各组加分 第三步，研讨结论 ① 回顾发言过程，感谢大家的参与 ② 总结所有观点，形成文字的结论
注意事项	出现以下 3 种情况，参与小组出局：① 重复他组的观点；② 无中生有；③ 没有新观点。在大家的发言过程中，引导师要不断地提醒大家注意所有小组发表过的观点

表 4–6 "世界咖啡"

工具名称	"世界咖啡"
工具简介	一种聚焦会议主题且跨界（跨桌）流动、交流的会议形式。
适用场景、不适用场景和运用条件	适用场景：以发展战略、经验交流、激发灵感、探寻问题为主题的研讨会，共同建构一种知识系统、分享系统、问题分析系统、关系梳理系统。 不适用场景：探讨有标准答案的问题、容易解决的问题。 运用条件：时间为 90 分钟以上；人数为 12 人以上；场地宽敞，方便大家自由移动

续表

使用目的	① 让第一次参与会谈的人群迅速融合，而且每一个人都有机会发出声音 ② 加强团队的相互关系，增强大家的共同责任感 ③ 分享知识，激发创新思维，深入思考重大机遇和挑战 ④ 在观众和演讲者之间建立有意义的互动 ⑤ 建立小型团体的亲密对话氛围和大型团体的学习、分享氛围
期待产出	跨界交流，融合信息，激发新想法
流程步骤	第一步，说明主题 ① 引导大家自由入座，每桌 4 人 ② 宣布当天的会议主题 ③ 介绍议程和规则 第二步，分组会谈 ① 每桌选择一位组长，组织大家组内自我介绍，要快速完成这个步骤。例如，我是 ××，来自 ×××，从事 ×××××× 工作，参与这个活动的目的是 ×××××××××××××××× ② 就主持人提出的会议主题展开第一轮会谈 ③ 第一轮会谈的时间为 10 ～ 20 分钟，鼓励每个人都贡献智慧，同时提醒大家用心聆听别人的话语，可以边听、边写、边画 ④ 每个小组选出代表向大家分享小组的集体观点 第三步，换组进行下一轮会谈 ① 主持人宣布换组开始，每组组长留下，其他组员迅速离开，自由选择到其他桌子坐下 ② 第二轮会谈时间为 10 ～ 20 分钟。 ③ 所有人都坐定之后，每组重新选出组长，大家简单自我介绍后，继续会谈。如果第一轮会谈没有集体分享观点，大家可以先交流原先各自小组第一轮会谈的成果，作为本轮深入会谈的参照 ④ 第二轮会谈结束后，按照之前的换组规则再次重新换组，继续新一轮的会谈。新一轮的会谈可以沿用同一个大主题，也可以延伸出更具建设性的新主题 第四步，集体分享 ① 各组代表分享会谈成果，可以用挂图、PPT 演示等辅助道具 ② 全体参与人员围圈，集体分享。先让大家自由分享收获和感受，然后邀请每人用一句话分享收获和感受。当然，也可以邀请所有参与人员各自在小纸条上写下最有收获的一点感受，收集起来打散分发，由认领者朗读出来 第五步，评估总结 ① 总结会议成果。对于授权范围内可以实施的方案，确定跟进措施（负责人、时间表等）。收集资料：如各组的会谈记录、拍摄的照片、录像的视频等 ②效果评估
注意事项	引导大家积极会谈，必要时结合想法列明、Me We Us 等工具使用

3. 决策成果

决策成果活动可以运用的主要工具有团队共创（见表 4–7）、头脑风暴（见表 4–8）、"艺廊之旅"（又称漫游评价，见表 4–9）。

表 4–7　团队共创

工具名称	团队共创
工具简介	团队共创是一种针对明确的焦点问题达成共识的工具
适用情景	适用于团队需要对任意主题达成某种程度的共识并呈现出来的情景
使用目的	① 激发团队创意 ② 建立一种共享的责任感 ③ 发展整合性的思考方式 ④ 达到一种实际的团体共识
期待产出	达成高度的团队共识并呈现出来
流程步骤	第一步，内容介绍 ① 强调焦点问题，必要的话，重新表述问题 ② 说明研讨流程与时间安排 ③ 分享研讨规则及参与的过程中的一些假设性问题 ④ 可以进行任何其他的咨询活动以帮助完成研讨 第二步，头脑风暴 ① 进行个别头脑风暴 ② 每一组选出 5 ～ 7 个最重要的想法并写在卡片上 ③ 将各个小组头脑风暴的想法写在卡片上并集中在团队成员的面前，让团队中的所有人都能看得见 第三步，组织群组 ① 依照直觉，从所有的卡片中挑出 8 ～ 12 张组成 4 ～ 6 对，以发现新的关联性 ② 以成对的卡片为依据建立群组 ③ 将参与者手中剩下的卡片分配到已建立的群组中 第四步，群组命名 ① 先探讨拥有卡片最多的群组的想法 ② 给这个群组起个名字以捕捉这些想法或决议 ③ 重复以上的动作，为剩下的每个群组命名 第五步，赋予群组意义 ① 设计一个特别的版面来整理并张贴这些资料或共识意见，可以是一个表或是适当的代表符号 ② 探讨团队工作成果的意义

续表

注意事项	① 发挥好每个群组内“专家”或组长的作用 ② 维持好秩序，提醒大家遵守规则，避免不必要的争执或进行过度的发散思维（或头脑风暴）

表 4-8　头脑风暴

工具名称	头脑风暴
工具简介	短时间内产生众多想法、点子，是典型的思维发散工具
适用情景	适用于培训中想要快速激发参与者的创意、获得大量灵感的情景
使用目的	激荡参与人的脑力，产出更多灵感与办法
期待产出	更有深度、更为广泛、更多样化的观点和想法
流程步骤	第一步，主持人发言 ① 陈述并澄清议题 ② 规定时间并安排计时员 ③ 安排记录人员 ④ 说明规则 ⑤ 鼓励所有人积极思考 第二步，个人发言 ① 所有成员依次自由发言 ② 鼓励大家在他人观点的基础上阐述新创意 ③ 记录所有人的所有观点，即便是荒谬的 ④ 使用规则维持秩序 ⑤ 可以点名让不发言的人参与进来 ⑥ 主持人可以使用“还有呢”的句式活跃氛围，直到穷尽所有人的所有观点 第三步，小组讨论 ① 解释、澄清某些观点或创意 ② 合并同类观点或创意，但不做概括总结 ③ 激发新观点或创意：不同观点或创意叠加；移花接木，不同观点或创意取优整合；架桥法，相反观点或创意之间产生新观点或创意；唱反调，反转某些观点或创意 第四步，小组决策 ① 形成最终决策 ② 回顾研讨过程 ③ 重申决策结果 ④ 明确下一步的行动 ⑤ 感谢所有人的参与

续表

注意事项	活动挂图书写的 6 个注意事项： ① 使用 3 种颜色的笔书写 ② 每页都有标题和编号 ③ 每页的字数不超过 10 行，保证页面清晰 ④ 使用发言人的语言 ⑤ 所有写完后的大纸都张贴起来 ⑥ 目的是可视化、可跟踪

表 4–9 "艺廊之旅"（漫游评价）

工具名称	"艺廊之旅"（漫游评价）
工具简介	一个快速且高效的收集参与者想法的工具，目的是群策群力解决问题
适用情景	团队成员不爱说话、发言不积极；或者觉得引导布和贴纸不够环保，需要解决办法；问题数大于当前组数
使用目的	最大化激发出团队成员的智慧，鼓励团队成员"创建"想法并承诺实施
期待产出	一个经过大家评审的方案或计划
流程步骤	① 把所有人分成 4 ～ 6 个小组 ② 给每个小组分发海报纸和记号笔，将各小组分配到不同的"据点"。这些"据点"可以分散于不同的会议室，或者分散于同一会议室内的不同角落 ③ 请各小组将讨论的内容记录在海报纸上，把写好的贴纸贴在小组附近的墙上。 ④ 活动时间到时重新集合大家。之后，另组几个"旅行团"。每个"旅行团"内必须包含原每个小组内至少一位成员 ⑤ 请各"旅行团"以 7 ～ 10 分钟的时间参观一个"据点"，让属于原小组的人说明自己那一组所写的内容 ⑥"旅行团"在各小组的海报纸上留下反馈意见或建议 ⑦ 各小组结合各个"旅行团"的意见或建议，再次优化方案或计划
注意事项	① 讨论的话题是一个相对开放的话题，避免有标准答案 ② 各个"旅行团"留下反馈意见或建议时要尽量留下自己的"团号"，对于需要确认的留言，方便大家及时沟通

（三）收场总结环节

收场总结环节的引导活动主要是"复盘组合"。"复盘组合"活动可以运用的主要工具有沉淀收益（见表 4–10）、“旋转舞台”（见表 4–11）、大众点评（见表 4–12）、结束圈（见表 4–13）。

表 4–10　沉淀收益

工具名称	沉淀收益
工具简介	用来进行阶段性小结或课程大总结时的引导工具
适用情景	适用小结或总结时使用
使用目的	相对结构化输出学习成果
期待产出	阶段性学习成果
流程步骤	① 每人 3 ～ 5 分钟快速复盘学习过的内容 ② 每人提炼出印象深刻的 3 个核心要点内容 ③ 按顺时针或逆时针顺序逐一分享 ④ 所有人针对他人分享中的不当部分及时做出反馈
注意事项	① 可以准备笔记本或小纸条 ② 避免大家过多的讲重复内容

表 4–11　“旋转舞台”

工具名称	“旋转舞台”
工具简介	引导全员参与的引导工具，通常与其他工具组合使用
适用情景	适用于讨论或总结的情景
使用目的	避免在互动环节或总结环节总是由团队内“能说”的人说
期待产出	相应主题下各自的收获
流程步骤	① 分组，推选组长，编号。通常，组长右手边第一位组员为 1 号、第二位组员为 2 号，以此类推，组长为本组最后一位。例如，假设第一组有 7 个人，则各位组员的编号分别为 1–1 、1–2、1–3 、1–4、1–5、1–6，组长的编号为 1–7 ② 按照要求，每组发言环节的顺序按编号进行，如第一组组员 1–1 先发言，然后是组员 1–2 发言……以此类推
注意事项	① 一定提醒参与者做充分准备，避免流于形式 ② 控制好发言时间，避免发言时间过长或过短，通常是每人 3 分钟的发言时间

表 4-12　大众点评

工具名称	大众点评
工具简介	他人或他组发言时，相应小组予以反馈的工具
适用情景	适用于他人或他组发言时的情景
使用目的	① 集中注意力 ② 营造积极的学习氛围 ③ 换个角度看问题
期待产出	来自他组或他人正、反两方面的反馈
流程步骤	① 分组（把所有参与者分成偶数个小组）发言，可结合工具"旋转舞台"使用 ② 各组两两配对发言，如一组主讲、二组主评，二组需要从正、反两个方面（即"优点"与"改善"两个方面）展开点评，"优点"可说 3 点，"改善"至少要说 1 点 ③ 其他小组可以补评 ④ 发言的小组根据反馈，调整、优化自己相应的讲话内容
注意事项	① 正、反两面都应当有反馈，要避免成为"挑刺"的活动 ②发言人（或小组）和点评人（或小组）应提前确定好，让大家做好充分的准备

表 4-13　结束圈

工具名称	结束圈
工具简介	总结环节有序输出成果的工具
适用情景	适用于总结环节
使用目的	输出有质量的学习成果
期待产出	学习成果（感受、心得、体会）
流程步骤	① 所有参与者随机围成一个圆圈，采用抛绣球或传递接力棒的方式进行发言，谁接谁发言 ② 发言人的发言内容是"3-2-1"，即明确回顾 3 个有意思的发现、2 个可以应用的要点、1 个即将采取的行动 ③ 主持人做总结分享
注意事项	① 注意时间把控，发言人也可以分享"3-2-1"中的任意一个部分，如可以只讲 3 个有意思的发现或 2 个可以应用的要点，或者只讲 1 个即将采取的行动 ② 选好第一个发言者

二、变讲为问

提到培训，特别是企业内训，很多内训师面对那些毫无神秘感的学员而言，总是感慨："还是外来的和尚会念经啊！"言语之中充满了无奈、无措和无所适从。确实，商业讲师可以"打一枪换一个地方"，甚至有些老师可以"一招鲜吃遍天"，而内训师就显得无奈了许多。其实，培训课程无论谁来讲、讲什么、怎么讲，无外乎都与培训效果密不可分，撇开了培训效果，一切都是空谈。而培训效果的达成不能只靠一己之力，这中间既需要培训师的全情投入，又需要学员的热情参与。那么，如何才能调动学员的积极性，让他们全身心投入到培训中呢？很多培训师经常运用点名提问的方式让学员参与到课程互动之中，有时会让学员措手不及，搞得很是狼狈和尴尬，这样的互动方式属于"硬互动"，学员不动也得动，因为已经被指名道姓了。如果只用"硬互动"，培训师的课堂气氛和课程效果往往会受到局限。能硬就能软，大家不妨试试"软互动"，从而"软、硬兼施"，让互动效果最大化。

通过多年 TTT 授课中不断地总结、摸索和实践，我分享给大家一个非常行之有效的利器，也是我在课堂经常运用的四大法宝（语感口诀、话锋一转、变讲为问、亲身经历）之一——变讲为问。

（一）什么是变讲为问

顾名思义，变讲为问就是把要讲的话语（陈述句）转变成问题（疑问句），通常是课程中重要的知识点，变告知为发现。

（二）为什么要运用变讲为问

1. 激发注意力

我们在前文阐述过人类的注意力有局限性和波动性的特点，求学的经验告诉我们，当老师在课堂上要求学生回答问题时，无论是第一排"学霸区"的"学习达人"还是最后一排的"超级 VIP 学员"（源自于 2017 年教师节时网友们所发的"记忆中的班级位置图"）都是有所反应的，只不过前者是主动的抬头挺胸、心里默念"找我吧、找我吧，我知道答案"，后者是被动的低头躲避、心里默念"看不见我、看不见我"。在这个场景里，不论是否回答老师的提问，大家的注意力都被老师激发出来了。试想：再精彩的电影，观众睡着了，效果还是零；同理，学员的注意力不集中，培训效果也是零。所以，激发学员的注意力就是当务之急，而变讲为问恰好实现了这一点。

大家有没有发现，通常而言，培训现场往往是后面满座，前面稍显空荡，这是什么原因呢？站在学员的角度，大家都心知肚明，怕被提问。为什么怕呢？万一听课时，我走神了呢？万一没听懂呢？总之，没有充分的把握，学员一般不敢坐在前面，除非逼不得已。所以，人们把培训现场的前面几排区域都统称为"学霸区"。这个现象从另外一个角度告诉我们：作为培训师的你在课堂上不能只关注眼前，要利用"左右夹中间，后面带前面"的眼法要求，尽可能地多关注后面的学员，要做到"雨露均沾"。

2. 争取时间

变讲为问的第二个原因是争取时间。为谁争取时间呢？为老师。课堂上，老师滔滔不绝的讲述，总会有想的速度跟不上讲的速度的时候，此时就会出现异常现象，比如赘语增多、下意识重复、紧张等，利用变讲为问的间隙，老师就可以给自己"变"出思考的时间，有效缓解及避免上述现象的产生。切记，"有问必停"、"有重必停"。

3. 测试反应

"无互动，不培训"，很多读者朋友应该是认可这个道理的，但互动时，不能只问些 1+1=2 或非黑即白的问题，千万不能落入"三不问"的陷阱。有些开放性的问题，答案总是仁者见仁、智者见智，作为培训师，如果不假思索地把自己的想法强加于人，似乎不妥，此时就应该先听听大家的观点，而这个目的变讲为问同样能够实现。

投石问路

妈妈给孩子讲故事的经验，很多读者朋友是有的，或者是可以想象出来的。以下两种讲故事的方式，哪一种更为合适呢？

1号妈妈：宝宝，妈妈给你讲个《青蛙王子》的故事。从前，某个国王有3个女儿。这一天，小女儿过生日，她收到一个自己非常喜欢的礼物——国王送给她的水晶球，来到池塘边玩耍。结果，一不小心，水晶球掉到池塘里，有只青蛙愿意帮她找到水晶球，但需要小女孩回报它，小女孩同意了，青蛙帮她找到了水晶球……

2号妈妈：宝宝，妈妈给你讲个《青蛙王子》的故事。从前，某个国王有3个女儿。大女儿，二女儿，还有谁啊？这时，宝宝回答了：小女儿。对啦，小女儿。这一天，小女儿过生日，过生日的时候会收到什么啊？宝宝回答：礼物。是的，收到礼物。爸爸送给小女孩一个非常可爱漂亮的水晶球，她非常喜欢，急急忙忙来到池塘边玩耍。结果，一不小心，水晶球掉到池塘里，这时小女孩会怎么样呢？宝宝回答：她也许会哭吧。是的，她哇哇大哭。这个时候，有只青蛙愿意帮她找到水晶球，但需要小女孩回报它，小女孩同意了，青蛙帮她找到了水晶球……

上面的例子中，既然2号妈妈非常清楚《青蛙王子》的故事，为什么还要不断地提出问题问孩子呢？孩子知道答案吗？其实，2号妈妈这么做，更多还是在测试孩子对于一些常识的反应。

（三）怎么运用变讲为问

1. 问什么问题——与主题相关的问题

培训师可以把自己所有要讲的内容都设计成为问题，只要问题与主题相关即可。换句话说，培训师想讲什么就问什么，当然，与主题无关的"白话"就不要说了。"正为先、顺为主"，培训师授课要正向引导、弘扬正气、传播正能量，不能为了连贯不卡顿说一些不适宜在课堂上说的内容。

依答设问

此处，我就假设自己要变讲为问。各位同学，说到有效互动，有一个法宝级的技术就不得不说，是什么呢？第一个问题提出，稍做停顿。就是变讲为问。那么，什么是变讲为问呢？第二个问题提出，再次停顿。说得直白一点，就是培训师想讲什么就问什么。为什么要这么做呢？第三个问题提出，仍然要停顿。通过总结分析，我们发现变讲为问至少有三大好处，到底是哪三大好处呢？第四个问题提出，还是要停顿。

读者朋友们看到了吧？问题就是这么随口而出的，你想讲什么就问什么，为什么要停顿呢？注意，"当老师停止说话，学员开始思考；当老师开始说话，学员停止思考"，停下来既是给学员思考的时间，也是给培训师自己争取时间。

2. 如果大家回答不上问题怎么办——"与答案无关"

培训师问学员问题，一定要学员答上来吗？不一定。首先还得看看问题属于讲过还是未讲过的内容。讲过的内容，学员回答对了问题，当然好；如果没有讲的内容，学员回答不了问题或回答错了问题，看上去好像不太好。但是，大家试想一下，还没有讲的内容，培训师一问，学员一答一个准儿，那是不是就太没有意思了。所以说，课堂上很多提问是假定学员答不上来的，答不上来还要问的目的与答案无关，问的目的主要是激发学员的注意力、为自己争取时间、测试学员的反应。就如同上面案例中讲故事的 2 号妈妈，大部分向孩子提出的问题，都是还没有讲到的故事内容，妈妈仍然会发问，这就和孩子能否回答问题或答对问题没有关系了，妈妈希望通过提问来的方式引发孩子的思考，同时避免孩子走神，吸引其参与。

当然，"与答案无关" 的前提条件是：不要向学员提出太大、太发散，以及概念性、定义性的问题，也就是我们前文提到的 "三不问"。比如，"请问大家，你所在企业的核心竞争力是什么呀" 这样太开放式的问题，学员是无法直接回答的，聪明的成年人都知道趋利避害，所以，绝大多数人都会选择不回答问题——这样培训师就不知道我的水平到底有多高了。类似于这样的问题就是形同虚设，没有任何价值和意义。再比如，"请问，什么是企业文化" 这种定义型的问题，学员同样 "无从下口"。很明显，学员要想准确的答对这种定义型的问题，只能查书或网上搜索，学员懒得理你，所以，又是一个石沉大海的提问。此时的培训师就得面对学员的沉默，培训现场的氛围就会陷入尴尬之中，培训师也不再提出新的问题，一切又回到了起点。

3. 如果一定要大家回答问题，应该怎么做——由开放到封闭

做问答题的难度远远大于选择题，选择题即使不会答，还可以蒙一个，说不定就蒙对了，学员愿意参与。问答题太复杂，学员望而却步。比如，我们上面提到的问题："请问大家，你所在企业的核心竞争力是什么呀？" 请注意：这个问题太大了，一般的学员无法直接回答，需要思考，因为不知道标准答案，很多学员选择不回答问题。如此一来，这个问题就属于无效问题。反过来，如果把这个问题设计成封闭性问题会不会好一些呢？如果这样问："在市场竞争如此激烈的今天，对于你所在的企业到底是提供给用户定制化的产品更重要呢，还是个性化、人性化的服务更重要呢？"由猜到选，难度瞬间降低了许多。适当的降维（源自于科幻作家刘慈欣的《三体》中的"降维打击"一词也是不错的设计。

销售顾问的话术

据说，聪明的销售人员都把"由开放到封闭法则"（又叫"二择一法则"）运用得淋漓尽致。比如，一家汽车4S店的销售顾问接待你之后，除了端茶递水和简单的寒暄之外，关于你的购车需求，她会运用下面的语言技巧与你交流。

销售顾问："先生（女士），您好！请问您是第一次来本店还是之前来过呢？"

客人："第一次来。"

销售顾问："那您今天是特地来看车还是随便看看啊？"

客人："想看看车。"

销售顾问："您是买第一辆车还是想换车呢？"

客人："买第一辆车。"

销售顾问："您平时开车是上下班代步多还是会经常长途旅行呢？"

客人："上下班代步。"

销售顾问："您想买辆轿车还是SUV？"

客人："SUV。"

…………

总之，销售顾问会尽最大可能让客人做选择题，而不是问客人开放式问题。比如，他（她）一般不会问"请问您有什么样的需求"或"您想买什么样的车"之类的问题。培训师亦是如此，提出问题后一旦观察到学员回答有困难，要立刻从开放式问题转变为封闭式问题，由"猜"转换到"选"。

4. 让谁来回答问题——由个体到全员

在培训课堂上，请不要用“哪一个”“谁”等来提问，这样做似乎回答的人被老师指定了，大家都在等待着“那个人”的出现，“反正不是我”。就算有人主动回答问题，那么，其余的学员会更加认为与自己没有关系了，因为已经有“一个人”回答问题了嘛，这样会导致互动不够彻底、全面。在培训课堂上，要用“我们”“大家”“同学们”来提问。

很多培训师习惯运用点名提问，我们在前文中分享过“东营授课”的案例，各位读者朋友可以回看、查找一下，因为培训师搞了“突然袭击”，学员来不及反应，没有答上老师的问题，结果被劈头盖脸的一顿训斥。可想而知，这家企业恐怕再也不会请该老师去授课了。

试图点名提问或只问一个人的方式，即使学员能对答如流，互动的范围也是受局限的，互动的全面性是不够的，仍然达不到激发学员注意力、测试学员反应的效果。

好问决疑

我的孩子所在的小学，每年都会安排一次家长开放日，也就是家长和孩子一起来听课，我参加了其中的一次，颇有感慨。首先，在教学方式和设备方面，现在的学校与几十年前的学校可谓天壤之别，几乎每门室内课都运用了多媒体教学，老师运用了 PPT、Flash、音频、视频等工具丰富了课程的呈现，更有视觉冲击。其次，老师会设置大量的提问环节，让孩子们积极参与，老师每次提出问题总是等待更多的孩子举手后再做出回答问题的邀请。如果举手的孩子不多，老师则会运用鼓励性的语言引导大家积极举手。再者，老师会针对孩子的答案给予及时的回应。

义务教育阶段的老师都已经很少直接点名提问某一个学生了，对于我们培训师给成年人授课而言，更是需要以此为鉴。

曾任教育部教师工作司司长的任友群教授推荐的图书《人是如何学习的：大脑、心理、经验及学校》里面有句名言讲得好——"教育的核心是提问，而不是告知"，正所谓"管中窥豹，可见一斑"。

5. 如何评价学员的答案——答案是不评价

培训师提出问题，学员回答后，培训师该如何回应学员呢？有读者朋友也许会说：如何回应学员还是个问题吗？但是，我在课堂还真是发现了非常多的错误回应方法。比如前文的问题：对于一家制造型企业来说，到底是产品重要还是服务重要？学员可能会回答"产品重要"，我发现有些培训师经常会回应——"您回答得对"或"您答错了"。那么，这样回应到底有没有问题呢？肯定是有问题的。当培训师回应"您回答得对"，其实不就等于说"服务不重要"了吗？认为"服务重要"的学员内心肯定是不认同的。反之，如果培训师回应"您答错了"，等于直接给这位学员当头一棒。学员之所以愿意积极、主动地回答培训师提出的问题，一般而言，还是想得到培训师的肯定、获得大家的好感，而培训师的回应则令其备受打击，之后，培训师再提出问题，为了避免重蹈覆辙，他（她）往往就徐庶进曹营——一言不发了。当然，如果遇到个别有情绪的学员，或许一次冲突就引发了。话说回来，其实这样的问题并没有固定、标准的答案，培训师更不需要盖棺定论，只需要及时给学员一个回应即可。我通常建议大家运用"有道理"的表述方法——"谢谢您的回答，您说的有道理"，这样的回应只是对学员的回答态度予以了肯定，但没有界定答案是对还是错。

总而言之，要想调动学员积极参与互动，让课堂气氛活跃起来，我们不仅仅要运用点名提问的"硬互动"方式，还得借助变讲为问的"软互动"技巧，利用"软、硬兼施"来增强大家的活力。这正是"讲得好，不如问得巧"，真正实现了"以问题为线索、以反应为依据、以已知求未知、以概念来表述"的培训理念。

与本节相关的语感口诀如下所述。

话锋一转，闲话不闲。
以终为始，依答设问。
有重必停，有问必停。
讲得好、问得巧、答得妙。
水深则流缓，语迟则人贵。
以问题为线索，以反应为依据。
以已知求未知，以概念来表述。

第四节　现场控场技巧

课堂上互动的过程其实就是把"话语权"交给学员的过程。培训师提问，学员回答，那么，学员主观上愿不愿意回答、客观上是否知道问题的答案等都是未知数。所以，在课堂上互动的时候有必要加以控场，这就好比高楼大厦就得配备消火栓、轮船就得配备救生艇，都是类似的道理。当然，控场的对象不单单是学员，培训师还得控自己，也得控异常或突发状况。

一、自我掌控

古人云，"树欲静而风不止"，以此说明主体、客体相互间的影响，培训师在课堂呈现时也极有可能出现类似的、意想不到的状况。对此，培训师应事先调整好心态和情绪，只有"搞定"了自己，才能"搞定"学员，进而"搞定"课堂。具体而言，我们可以从以下几个方面"搞定"自己。

（一）澄心——心无杂念

培训师要摒弃无用的想法，时刻谨记——"我是来挣面子的"，要做到：没有发生的事情不要多想，已经发生的事情泰然处之。比如，你在表述过程中不小心出现了口误，不能总是纠结于："学员会不会听出来呀？大家会怎么想我呢？会不会影响我在大家心目中的形象呢？"如果你这样想的话，只会更加分心，只会出现更多的口误。如果你什么也不想，不纠结一时的失误，也许接下来你的完美呈现会冲淡一切。墨菲定律在某种意义上可以佐证这一点：事情如果有变坏的可能，不管这种可能性有多小，它就有可能发生。只有不怕什么，才能不来什么。

“我叫不紧张”

某个即将要上台演讲的人张三，在台下紧张得直哆嗦，旁边一个看似有经验的朋友给他支招儿：“你多给自己一些心理暗示，告诉自己不紧张。”张三认为朋友说得很有道理，于是，他不停地喃喃自语：“我不紧张、我不紧张。”

很快，轮到张三上台演讲了。只见张三来到讲台上大声地说：“大家好，我叫不紧张。”台下众人愕然，一阵寂静后爆发出哄堂大笑……

老话说，“日有所思，夜有所梦”。想多了、讲少了，麻烦自然会找上门，所以，培训师还是多讲少想吧！

（二）静虑——目标清晰

培训师一定要坚守一个原则：在课堂上只讲自己知道的。“术业有专攻，闻道有先后”，培训师本来就应该在课堂上分享自己擅长的、专业的知识、技能，专注于自己的专业，不太懂的、不靠谱的就不要讲了。

“三百六十行，行行出状元”，一旦跨界了，成为状元的概率就变低了。培训师只有对自己的专业胸有成竹了，才能在课堂呈现时游刃有余、挥洒自如。

目前，培训师的专业化、专一化体现得越来越明显，如果大家注意浏览一些商业讲师简介的话，就会发现很多老师只讲一类课程或一门课程，甚至只针对某一个特定的行业讲一门课程，之所以这么做也是精力有限，希望能深度挖掘，成为业内的专家级培训师。对于内训师而言，也应当如此，尽管组织期待我们能成为多面手，能讲更多门课程，但我们自己得清醒地认识到：自己必须得有一门代表课程或主打课程、王牌课程。在讲到这门课程的相关内容时，你就是专家，授课中自我掌控就轻而易举、手到擒来了。

"人设"一词，大家比较熟悉了，最早就是人物设定的意思，基本设定包括姓名、年龄、身高、性格、喜好、出生背景、成长背景设定等，简单来说就是创造一个有血有肉的完整人物。这个词最早形容游戏、动漫、漫画等作品中对虚拟角色的外貌特征、性格特点的塑造，从2016年开始扩展到娱乐圈，常用来形容明星对于自身的形象定位或扮演的影视剧中的角色。比如，我们提到黄渤，观众的第一反应就是——他是喜剧演员，他的影视剧作品很好看、很搞笑；提到张涵予，硬汉、正面人物、很"刚"就是他的标签；贾玲，小品演员，很搞笑；甄子丹，很能打；等等。培训师也是如此，提到了你，就要让学员有自然的联想——你的"人设"是什么，这就是专业和专一最简单的体现。比如，我早在2013年就定位清晰，只专注于培训师的培养，10多年下来从单一的TTT讲授技术到现在的全能讲师，也全部是围绕培训师打造生态课程体系。有些读者朋友很担心，如果只专注于某门课程或某个人群，会不会没有那么多的课程量呢？我以自己的亲身经历告诉大家，一切都挺好，您的顾虑纯属多余。

（三）修行——职态随意

培训师在课堂上要做到定行、定神，"镇自己"、压场面，做好行为动作的标准化、规范化，利用"风范七法"中的技巧严苛要求自己，避免"动手动脚"——让自己的不规范行为"出卖"自己的内心世界。比如，有人登台后手抖脚抖、面红耳赤、说话词不达意，其实就是告诉大家你很紧张。

课堂上，我问大家会紧张吗？很多人说"会"。那么，大家会像小学生那样紧张得手足无措吗？绝大多数人的答案是"不会"。"我会想方设法来装作不紧张""至少不是动来动去或说话词不达意"，这其实就是修行的过程，让自己变得更从容一些。当然，10000个小时的刻意练习才是硬道理，熟能生巧嘛。

（四）凝神——关注学员

培训师如果在课堂能做到“我的眼里只有你”“我是你们的唯一”，那自然可以将控场做得挥洒自如。“眼睛是心灵的窗户”，传情达意靠眼睛，所以，培训师在课堂上要利用“眼法”来实现“眼勾”的交流和控场效果，避免培训过程中目光左躲右闪，要想方设法让自己更加的镇定，要让自己的眼神更加的坚毅，要利用“盯制反”来促动学员的互动交流，分散自己的压力。

二、掌控学员

控场的技能应该算得上培训师必备技能中的重中之重了，我们在本书中论述多遍，亦在说明此理。从掌控学员的角度来说，如何实现有效的控场，培训师在课堂上有 4 个重要的抓手可以用：“眼勾”“手抓”“话打”“声拉”。

（一）“眼勾”——目光抓控

“眼勾”要遵循“左右夹中间，后面压前面”“盯制反”的原则。培训师在讲授课程的过程中要保持与学员的眼神交流。通常，培训师与学员进行眼神交流，学员会出现以下 3 种情形。

①学员保持正常眼神交流。很显然，这样的学员状态很在线，那么，培训师利用“眼勾”技巧保持住即可。

②学员看到老师看自己后低头。通常，这样的情形表明学员游离在分神的边缘，培训师需要调整一下，尽可能地植入互动提问、演练环节，让学员参与进来，让他们感受到“被关注”，让他们明白“这课和我有关系”。

③学员全程不看老师。这样的学员其实是培训师关注的重点，因为

他们可能是“冰”,更有可能影响整个课堂的氛围,怎么办呢?除了“眼勾”技巧之外,还得配合使用后面的3个抓手——“手抓”“话打”“声拉”,尤其是“话打”——“请注意,请同学们看这里,来、来、来,看这里”,要不断发出提醒,言外之意是“我已经关注到你了,你要赶紧回过神来”。

(二)“手抓”——手势引领

培训师运用“手抓”技巧时要遵循“大开大合,以姿助势”的原则,要符合“培训师手势大全”的规范,要体现“我找的就是你”的感觉。

“手抓”是对“眼勾”的强化,当培训师与学员的目光有交流后,培训师通过手势的运用,有效调动需要调动的学员,有点“锁定”其的意思,从而帮助学员集中注意力,避免其走神或邀请其参与到互动环节。

(三)“话打”——语言提醒

面对学员分神,我们常用的习惯表述是“请注意”,培训师要学会讲“小话”。

“请注意”是提醒他人的警示性语言,通常,学员听到“请注意”后会有些反应,培训师要有效地利用好这个反应的瞬间,引向正在讲授课程的主题,这就是“话打”。

(四)“声拉”——“异声拢场”

一般而言,“声拉”是指培训师通过沉默、停顿、强调、重复的声音变化等来实现控场目的,是谓“控场四绝招”——沉默、停顿、强调、变音。上学的时候,但凡学生发现老师在用这几种控场绝招,老师一定是在敲黑板、画重点,所讲的内容期末必定考。

幽默、大气的段长

2016年年末,我应邀为某铁路局动车段进行培训。时至寒冬腊月，当地气温零下 20 多度。当我和助教艰难跋涉到达该铁路局动车段的培训基地后，接待我们的培训科长说话了："欢迎刘老师为我们授课！不过，有个事情得先跟您说一下，这几天我们这儿温度极低，又不时地下雪，动车进站后，我们所有员工都得出去帮忙除冰、扫雪，今天我们干了一上午活儿了，估计下午上课时大家会发困。"因为是临时安排的课程，所以，本次培训只有半天时间。

果不其然，下午，当我和助教在培训现场准备教具的时候，学员陆陆续续进来了，好家伙，我惊奇地发现大家明显找了一个靠近暖气的区域，几乎半躺在皮质的座椅上，同时还把棉大衣用力往身上拉一拉，一切准备完毕，似乎就等着课程开始后比赛谁先睡着一样。看到此情此景，培训科长的话语再次萦绕在我耳边，看来，关键时刻我还得拿出控场"四大抓手"——"眼勾""手抓""话打""声拉"。于是，我不断扫视全场，关注有"异常"的学员，同时借助手势引导沉默寡言的学员参与互动。

我关注到坐在第一排靠左边一位年纪稍长点的学员，一直孤零零一个人坐在那里。于是,我刻意地多和他互动了几次。我不断地用话语"骚扰"大家，"请问大家，我刚刚讲过的知识点领会了没有"，"如果领会了，请大家五指并拢、掌心朝下，用力地在桌子上拍一下，请大家拍得大声一点"。

时间过得飞快,3 个小时的课程圆满结束了。临走的时候，培训科长赶了过来："感谢刘老师的培训分享，今天实在太忙了，没办法一直在教室听您的课程。来，我给您介绍一下。"说到这里，培训科长引导着我走向了第一排靠左边的位置，只见那个孤零零一个人坐的学员站了起来，接着，培训科长说："刘老师，这是我们动车段的段长。"此时，我恍然大悟，为什么他是一人独坐了。只见段长迅速站了起来，握住我的手（我明显感觉到他的手掌比较热，又看到他的手掌掌心有些红，原因大家认真读了前文自然会懂的）。突然，我就觉得有些尴尬，心想："我是不是关注段长多了点啊，下手也'狠'了点啊。"这时，段长说话了："刘老师，听了这么多年课，第一次觉得手疼，不过确实没睡着，受益匪浅，期待以后有机会我们接着拍。"哈哈，多么幽默、大气、有胸怀、有容人之量的段长啊！

三、异常掌控

培训现场出现了"状况"，培训师不要着急，做到"以静制动""以变应变"就可以了。当然，常用的应对策略、技巧是必不可少的。简单来说，面对以下 7 种异常的"状况"，培训师可以分别运用相应的策略、技巧一一化解。

（一）自己讲错时的应对技巧

在课堂上，培训师如果讲错了，先不要着急，要镇定，对于已经发生的事实，可以采用以下办法应对。

①及时更正，主动承认错误。人非圣贤，孰能无过，知之为知之，不知为不知，切不可明明错了，死活都不承认，真是那样的话，"得下十八层地狱的"。

误人子弟的下场

话说，一个杀人犯和一位老师死后一起去阎王殿"报到"。阎王对杀人犯说："你在人间杀了人，直接去十七层地狱吧！"一旁的老师听了心中窃喜："杀人犯去了十七层地狱，我应该比他好点吧。"接着，阎王对老师说："你去十八层地狱吧。"

> 老师几乎惊掉了下巴："阎王，你搞错了吧？他是杀人犯，去了十七层地狱；我是老师，教书育人，怎么能去十八层地狱呢？"阎王回答："嗯，我调查过了，他虽然是杀人犯，但在人间只祸害了一个人；而你在人间则整整祸害了一代人，所以，你的罪行更重！"
>
> …………

上面的故事虽然只是一个"段子"，但培训师切不可将错就错。

②以退为进，变成故意讲错。原本是不小心口误，可以通过设计变成——"我故意讲错，看大家能不能发现"。

> 以退为进
>
> 某次，有位培训师在上午开始讲课前问候大家："同学们，大家下午好！"学员们一听就哄堂大笑："老师，您说错了，现在是早上！"培训师反应过来后，马上说："嗯，我故意试试大家清醒没有。既然大家都这么清醒，那么，我们再来一遍正确的问候，大家上午好！"

大家看，一个小小的以退为进，反倒帮培训师把口误变成了加分项。

（二）遗忘内容时的应对技巧

培训课堂上，培训师遗忘内容往往是短暂的，属于突然间的"短路"，不会真的是永远也想不起来。针对这种状况，可以使用下面这 3 种技巧来应对。

1. 变讲为问

请注意，我们这里利用变讲为问的目的并不完全是想让学员来回答问题。变讲为问有三大好处：引起注意、测试反应、争取时间。在遗忘内容时，培训师真正需要的是争取时间，所以，可以通过"有问必停"为自己争取缓冲的时间，解决"短路"的问题；同时，也许学员的回应或答案会给自己提供线索，可谓一举两得。

化解忘记内容的尴尬

有一次，我为某汽车集团的内训师讲授"五步玩转课程开发"的课程。我的习惯是当课程收尾时会用名家名言来呼吁学员行动起来。当时，我讲了大家常用的名言——颜真卿的《劝学》里的几句话。在说了"三更灯火五更鸡，正是男儿读书时，黑发不知勤学早"这3句话后，突然忘记第四句话了，怎么办？好像一下子真想不起来了。略微思索了片刻，我问大家："同学们，大家一起回想一下我刚才讲的这首诗的第四句是什么？"很快，有学员答上来了，小小的尴尬就此化解了。这自然要归功于变讲为问和回答问题的学员。

2. 重复，重启

如果碰到短暂的遗忘这种情形，作为培训师的我们可以重复前一句的内容或往前一点儿的内容，帮助自己回忆起后续的内容。如果遗忘的程度比较重，我们可以把刚刚讲过的内容再重头捋一遍，好比电脑或手机死机了，我们要把它重启一下的道理一样。比如上面的案例中，我想不起来第四句是什么了，可以从第三句开始"捋"内容，还不行，也可以从第一句开始"捋"内容。当然，这个"捋"的过程，我们一般会在心里默默地进行，学员通常看不出来。

3. 模糊处理

作为培训师，我们在讲课的过程中有时会有灵光乍现的情形发生，比如突然想到一个非常“给力”的资源，只是突然想到，却记得不完全，此时就可以采用模糊处理的方式来表述，也就是不用表述得那么清楚、绝对，可以适当地模糊点。比如上面的案例中，我当时也可以这样表述：各位同学，现在讲到课程的最后了，我们可以用名家名言来呼吁大家行动起来,颜真卿的《劝学》里面就有几句出现频次非常高的名句，大家一会儿可以查一下，并且让我确认一下是不是那几句。再比如，遇到类似的情形，我们也可以这样表述：我记得外国有位诗人说过一句特别棒的话，大概意思是赶紧行动起来，早行动早受益。这里，我们就没有必要一定要说出哪个国家的哪一位诗人且具体说过什么话，在这里提起这个话题只是为了佐证自己的观点而已。当然，如果能说出来效果会更好。

（三）学员私语、走神等课堂混乱情形发生时的应对技巧

如果课堂上发生了学员私语、走神或其他混乱情形，说明培训现场有失控的风险，培训师需要赶紧干预起来。干预的技巧有以下三大类可供大家选择。

①“眼勾”“手抓”“话打”“声拉”,通过控场“四大抓手”的结合使用，让学员感受到培训师的关注及培训师主动掌控培训现场的目的，帮助学员迅速地回归正常。

②植入互动环节，并且邀请状态不佳的学员参与其中。这里请大家注意：要简单互动，只要能把学员的状态拉回来就行，千万不能变成为难学员。“没有问题学员，只有学员问题”，对于状态不佳的学员，除了互动之外，也可以结合其他控场技巧展开。

③适当安排休息，特别是在午后进行培训课程时更应如此，春困、秋乏、夏打盹、睡不醒的冬仨月嘛。培训师要根据实际情况提前安排中场休息，或者下午安排两段短暂些的休息时间。请注意：休息期间，请学员站起来，走出教室透透气；同时，应在大家休息的时候在教室内播

放点律动感强劲的音乐。

（四）学员睡觉时的应对技巧

学员睡觉是很多培训现场发生过的情形，算是常见现象了。有的人认为，睡觉学员也不影响培训师的授课，大家相安无事，其实，这就是"冰"，得破。破"冰"的技巧主要有3种，如下所述。

①震醒。提高分贝，用声音震醒睡觉的学员，常用的办法有拍桌子、鼓掌、拍手等，大家可以回看一下前文讲的给动车段做培训的案例。

②动醒。增加现场互动，让学员动起来。比如，培训师可以这样说，"请大家举起右手""请看大屏幕""请大家拍下桌子"，等等。

③提醒。让相邻的同桌或前后排的学员提醒睡着的学员，使个眼色即可。请注意：此时的培训师不要去触碰睡觉的学员，避免起冲突。

（五）学员有意抬杠时的应对技巧

遇到学员有意抬杠的情形，我们首先得分析一下学员为何有意抬杠。多年授课的经历告诉我，学员和培训师如果起冲突，往往在以下两个方面可能出问题。

①培训师说话绝对，也就是说话非黑即白。比如，培训师这样说话，"我知道大家都喜欢使用苹果手机""我知道大家都喜欢开日本车"。学员一听这样的话，马上就不乐意了："凭什么这么说大家啊，我就不喜欢。"现场只是碍于情面，没有立马发飙，后续一旦有机会，学员就会表达自己的不满。

②消极回应。当与学员互动时，培训师给予学员负面的回应，如打击否定、引导选择、是非不分等，最终留下冲突的隐患。比如，有的培训师会在课堂上这样说："怎么这么简单的问题，你们都答不上来呢？你们有没有把心思放在学习上？如果不想听的话，就赶紧回去吧！"大家听听，这是多伤人的话啊。

既然我们知道了产生冲突的原因，那么，化解学员有意抬杠的技巧也就有了。

①说话留余地。谨记，“所有、唯一、全、都、最，极端、绝对要避讳”。不说绝对话就行了，实在忍不住，可以换成“有人说”这样的话术。

②给予学员积极地回应。比如，在课堂上，培训师可以这样与学员互动，“您说的有道理”“原来您是这么看的啊”，避免生硬地、消极地回应学员。

（六）学员恶意挑衅时的应对技巧

在培训课堂上，一旦学员的有意抬杠没有控制住，极有可能升级为恶意挑衅。那么。遇到这种情形怎么办呢？以下3种技巧可供大家参考。

①“统一战线”，化解情绪。首先，培训师要看看自己的“群众基础”如何，可以问“大家对这种现象（问题）怎么看”之类的问题，根据大家的回应，基本可以判断出自己的“群众基础”如何了。如果有“群众基础”，就可以走“群众路线”“统一战线”。

②只对事，不对人。不要把学员当成“假想敌”，不要体现出主场意识和东道主的架势，遇事不要以我为主。

③借力打力。培训师可以借助培训现场最高管理者或培训组织者的力量来约束恶意挑衅的学员。

（七）遭遇高手时的应对技巧

1. 预先框定

课前，培训师要做好学员的基本情况调查工作，对于高手学员，要多给予关注，可以事先做好约定——“今天，我只就自己知晓的内容与大家分享”。通过“抬轿子”的原理来拔高高手学员在其他学员心目中的位置，如培训师可以这样说：“今天，在现场的除了本人之外，还有一位大师级高手，他就是×××。若有关于××××××××××方面的问题，大家不清楚，也可以和 ××× 沟通、咨询。现在，对于 ××× 能够参与本次培训，我们大家予以热烈的掌声欢迎。"

2. 拜师学艺

依据《师说》所言，培训师亦非圣贤，不可能所有知识都知道，所以，在培训课堂上遇到高手学员也是情理之中的事情。遇到高手学员，作为培训师的我们也可以向其拜师学艺。常言道，"伸手不打笑脸人"，作为甘拜弟子的好学者，高手学员也会手下留情的。

3. 引用、借用

培训师可以在培训课堂上不断地引用、借用高手学员的理论、说法、心得体会。培训师使用这个技巧时一定要注意：引用、借用高手学员的理论、说法、心得体会时要说明引用、借用自这位高手学员——说出他（她）的名字。试想，谁不愿意往自己脸上"贴金"呢。

以上就是培训过程中可能会出现的异常情形，当然，站在培训师的角度，我们希望上述情形永远不会出现，但本着"宁可备而不用，不可用而不备"的理念，也要做最好的准备和最坏的打算。

与本节相关的语感口诀如下所述。

"眼勾""手抓""话打""声拉"。

澄心，静虑，修行，凝神。

没有问题学员，只有学员问题。

左右夹中间，后面压前面。

宁可备而不用，不可用而不备。

本章小结

第四章的内容是互动、控场，是好课程“三要素”中极其重要的一个要素，也是培训师必备的一项能力。第一节讲的是成年人的学习特点，有希望认同、目的性强、经验主义、实用主义、记忆力差和容易疲劳等6个特点。第二节讲的是互动的基本原则，主要讲述了常见的 3 个互动误区、4 种互动方式、两项互动原则。第三节讲的是常用互动技巧，包括两个大类的引导活动的开场环节、过程环节、收场环节等环节的常用工具等内容，以及变讲为问如何运用等内容。第四节讲的是现场控场技巧，培训师除了要自我掌控、掌控学员之外，培训课堂上可能会出现的 7 种异常情形的应对策略也要熟练掌握，宁可备而不用，不可用而不备。

第五章

课程总结：效果验证，见好就收

阅读、学习本章，您能解决以下几个问题。

①课程总结的通用流程是什么，流程要点是什么？

②老师的总结有哪些方式，各种方式的操作要点是什么？

③为何首选学员总结，方式有哪些，操作要点是什么？

④何为柯式四级培训评估模型，每一个层级的操作要点是什么？

⑤课程的更新与迭代有区别吗，如何标注出来？

⑥内训师的成长路径是什么，如何自我学习呢？

⑦内训师只能讲一门课程吗？如果想要营造课程生态，需要怎么做？

⑧本书学习完毕后，作为内训师的您还能做些什么？

第一节　总结的流程

“编筐编篓，重在收口”“见好就收”“学而时习之，不亦说乎”“总结是成功之母”……这些和总结密切相关的俗语、名言、警句时刻提醒着我们：总结有多必要、有多重要。同样地，作为培训师也要养成总结、复盘的习惯，“平时育习惯，训时显风范”。否则，随着艾宾浩斯遗忘曲线逐渐显现威力，学了后面忘了前面，培训的最终效果就要大打折扣。

总结的环节至关重要，总结的流程也需清晰明了，“设计出精彩，流程保绩效”,我们先来了解总结的万能“套路”（公式）——“一梳”“二呼”“三谢”。

一、“一梳”

“一梳”是总结环节中最重要的部分，我们在本书第三章里也专门提及过。随着学习内容的深入和学习进程的推进，学员在学习过程中不断地接受新的知识、学习新的技能，必然会出现信息拥堵、遗忘缺失、知识点纠缠交错的情形。大家别忘了，成年人学习的一大特点就是记忆力差，所以，除了平时进行阶段性的小结之外，课程总结就成了整堂培训课效果保障的最后防线、屏障。当然，梳理的方式各有不同，既可以培训师自己来梳理，也可以让学员来梳理。从培训效果最大化的角度来讲，让学员来梳理是上策，便于训后及时的转化和迁移知识，R.M. 加涅的“九大教学事件”的第九个事件里也强调——“加强记忆和学习迁移”。让学员梳理学习内容，需要注意以下几个要点。

（一）梳理的知识来源

梳理的知识来源，即学员在梳埋知识阶段需要梳理哪些内容，在哪里梳理？如果界定不清、边界模糊，你会发现：原本需要 5 分钟才能梳理完毕，但很多学员一两分钟就梳理完了，学员好像学了很多，又好像没学什么，培训的效果可想而知。一般而言，学员需要梳理以下 3 个方面的知识：课堂笔记、板书照片、“心动时刻”。

1. 课堂笔记

不得不说，还是有很多学员在课堂上保持着记笔记的好习惯，或许是大家多年学习教育阶段培养的良好习惯吧，大多数人还是奉行“好记性不如烂笔头”。绝大多数的培训课堂上，培训师会为学员提供《学员版讲义》(或叫《学员手册》)，很多学员会在《学员版讲义》上记录培训师课程中的重要信息，这是总结回顾阶段一个重要的信息来源，既能跟随讲义的主线回顾全部课程内容，又能结合自己的笔记增进理解。当然，也有许多学员精心准备了笔记本记录信息，效果也是同样的好。

2. 板书照片

我们在本书第一章中就揭秘了板书的价值和设计的“三误区”“三要素”“三原则”，这里就不再赘述了。在授课过程中，培训师会不断地通过板书提醒学员重点关注学习重点、难点，我们常说的“敲黑板、画重点”就是这个意思，此时的“黑板”(实际是白板)就发挥应有的作用了。我在前文也提及过,我的授课习惯是每半天(正常而言是 3 个小时)基本写完一个完整的板面，覆盖时授课程某章的内容或几个小节的内容；同时，我会请助教将完整的板面原图发送到学员 QQ 群或微信群并提醒学员保存，总结环节时会用到。事实证明，这真是一个特别完美的设计。

制造型企业通常要求现场管理做到“5S”标准，其中目视化是个高频出现的词汇。目视化就是通过看得见、摸得着的实物，把理论上的安全及教育上的安全都变成了有形的、直观的、一眼望去就能时刻提示大家注意的安全事项及安全规则等，将课堂式的安全教育变成现场安全教育，将理论灌输式安全教育变成自觉的安全行为规范，让员工在执行安全行为规范时一看就懂、一学就会、一用就灵。当下，目视化已经被各行各业广泛地应用，如行路的指示牌、超市收银的警报系统、停车场的车位信息、企业的各种宣传展板等。板书也属于培训课程典型的目视化教学手段。通过板书，既强化了学员的听觉、视觉关联互动性，又增强了学员理解知识点、记忆知识点的效果。在课后总结复盘环节，我经常看到学员将培训课堂上的板书照片打印出来，有的学员还专门去打印店打印彩色照片，方便观看、区分蓝色“手法”、红色“心法”、黑色“说法”的内容。

3.“心动时刻”

在培训过程中，我会为各小组发放便签贴，通常是长、宽都为 7 厘米的正方形便签贴，要求是黏性好、颜色多、供应足。在培训过程中，对于培训师讲授的核心内容，学员可以在便签贴上记录下来并对应张贴在各小组团建的挂图纸上。除了培训师讲授的内容外，学习过程中学员的瞬间感悟、自我反思、心得体会及关键环节的讨论结果都可以“上墙”。这种互动方式就叫作“心动时刻”。一般而言，我会视课程总时长的长短而每半天或每一天公布各小组“上墙”的便签贴数量和质量，根据排名给予相应的加分奖励。

在梳理总结环节，“心动时刻”就可以大显身手了。学员结合讲义、板书、“心动时刻”，就可以最大限度地复原学习过程，确保信息不丢失，对于强化培训效果是立竿见影的。

（二）梳理的人员分工

既然梳理涉及讲义、板书、“心动时刻”，很显然比较耗时、耗力。考虑到课时的限制，在梳理阶段往往需要每个小组的所有成员齐心协力，不能让某一位或某几位学员独当一面，需要在梳理前框定好人员内部分工。一般而言，有两种分工办法：按课程模块分工、按培训进程分工。

①按课程模块分工。这种分工方式比较常用，每章（部分）的内容由一个人或几个人梳理。当然，需要视所授培训课程章（部分）的数量

和学员的数量来决定如何分工，要合理分配、先分后合。

②按培训进程分工。比如，培训时间共有两天，可以分为 4 个半天，每半天一个人或几个人来梳理。假如课时较短，可以按课间休息前和课间休息后来分工。如果只是一次短暂且连续的培训,那么就忽略不计了。

（三）梳理的注意事项

1. 时间管理

基于总结回顾的重要性，梳理阶段的时间安排是少则 5 分钟、多则 20 分钟，符合鲍勃 · 派克的“90–20–8”法则。

2. 课堂纪律

课堂纪律这一点很关键，多数学员一听说要总结梳理，本能的反应是“老师让我们休息了”，于是，上洗手间、接打电话、跑到教室外溜达等情况接踵而至，最后又变成了某个人的梳理或是敷衍了事，所以，一定要强调课堂纪律。

3. 使用场景

尽管学员很细心、认真地梳理了全部培训课程的内容，总是要有一个承载的载体的，怎么使用呢？有个妙用，我们这里先卖个关子，后文会详细阐述。

二、“二呼”

培训师在课程总结时，除了带着学员一起系统梳理、回顾当次培训活动所学习的知识外，还需要将所有内容进行首尾呼应，最后还要呼吁行动。这就是所谓的“二呼”。

（一）首尾呼应

著名的教育技术理论家和教育心理学家戴维 · 梅瑞尔教授在五星教

学里要求一次培训谨记5步流程，其中第五步就是首尾呼应、融会贯通，帮助学员由知化行。

我们这里所说的首尾呼应，不仅仅是指培训课程的开场和收场，更多指的是前面的培训内容和后面的培训内容要相互印证、彼此助力、自圆其说，那么，在总结回顾时，培训师就需要将培训过的内容形成体系并进行知识串联。

不仅培训课程是这样，许多语言艺术也会进行首尾呼应，如相声。相声是门语言艺术，经常观看、收听相声的读者朋友应该会有这样一种感受，优秀的相声作品和相声演员总会就着一个“包袱”或观点来贯穿始终，不论说到了哪里，相声演员总会时不时地再温习一下这个“包袱”或观点，帮助观众、听众厘清相声的主旨。比如岳云鹏、孙越的相声《有哲理的人》就是如此，在观众、听众笑得前仰后合的同时，两位演员不断地用各种“包袱”去串联前面讲过的内容。

（二）呼吁行动

培训学习的结束就意味着行动的开始，所以，在总结环节，培训师需要强调“用行动去转化培训成果”，以引起学员的重视。一次培训接近尾声，学员往往会有些懈怠，就是老话说的“书到临尾渐渐松”。此时，培训师不断地重复提醒学员“用行动去转化培训成果”，可以避免学员把行动转化放置脑后而置之不理的情形出现。呼吁行动有两大类方法可以使用：课堂上语言呼吁、课后作业呼吁。

1. 课堂上语言呼吁

推荐一：引经据典。运用富含行动的典故、寓言收场，如“扁鹊三兄弟”的故事。

推荐二：名人名言。运用名人、“大咖”、泰斗、“大拿”的经典语句，引导学员行动起来。例如，张爱玲在《传奇》里有句经典的言论是“成名要趁早”，可以引申为“行动要趁早”。

推荐三：语感口诀。运用语感口诀，呼吁行动，如"'道'可顿悟，事须渐修"。

推荐四："空手道"活动。不借助外物，只用手上的动作说明道理，如"摸脑门"。关于"空手道"活动，我们在本书第三章里有详细的阐述，请各位读者朋友回看、温习。

2. 课后作业呼吁

推荐一：通关测试。通常以线上测试为主，课前，培训师设计二级评估（注：二级评估的内容将在本章第二节阐述）测试卷，二级评估源自于柯式四级培训评估模型（注：柯式四级培训评估模型将在本章第三节详细阐述）；课后，提醒学员及时完成，提高学员的重视程度。

推荐二：试讲、认证。有些企业的内部课程，学员学完之后，间隔一段时间，企业的培训组织部门会安排试讲和认证的环节，此时提醒学员，能达到事半功倍之效。

推荐三：分享、"转训"。我们在前文中提到了美国缅因州国家训练实验室的学习吸收率金字塔模型，该模型告诉大家：采用"教授给他人"的方式（也就是"转训"的方式）学习知识，两周之后还能记住所学知识的 90%，所以，课后转化特别推荐分享、"转训"的方式。

三、"三谢"

课程结尾，按照惯例，培训师要予以致谢，这一部分算是约定俗成的环节。善始善终，为本次培训做好画龙点睛之笔，通常要对 3 个感谢对象予以致谢。

（一）感谢学员所在的企业

学员所在的企业是当次培训的发起人及培训费用的"买单者"，感谢学员所在的企业是理所当然的事情。早些年，培训只是少数人才可以享受的权利，很多企业一年甚至几年都不会安排一次培训活动，而当下的培训逐渐呈现——外训的内训化、学员的年轻化、行业的普遍化、需求的项目化、赋能的竞赛化，这“五化”给了培训师和学员更多交流、分享、成长、反思的机会，所以，在当下而言，更应该感谢学员所在的企业。

（二）感谢培训的组织部门

早期，人力资源部是企业培训的组织部门；后来，很多企业成立了企业大学和企业商学院（注：2021 年 5 月，教育部等八部门印发《关于规范“大学”“学院”名称登记使用的意见》，该文件指出，除经批准设立的大学、学院及由其设立的内部机构或由其发起并依法登记的组织机构外，其他组织机构不得在牌匾、广告等对外宣传及其他各类活动中使用“大学”“学院”字样。由此，很多企业大学、企业商学院进行了更名），培训组织的重任落到它们身上；当下，主要由企业的“研修中心”“学园”“创研中心”等部门组织企业的培训活动。组织一次培训活动，事无巨细，培训组织部门都要参与，涉及需求调研、师资匹配、培训场地安排、学员管理、后勤保障、效果评估等。一次成功的培训活动，绝非某一个人或某几个人能做到的，培训组织部门至关重要，需要感谢所有培训参与者。

（三）感谢参训学员

在企业进行内训时，经常有学员对我说：“老师，您辛苦了！”我通常都会说：“你们也辛苦了，感谢你们的全情投入！”这不是客套话，事实的确如此，参与一次培训活动，参训学员比培训师要辛苦得多，原因有 3 个，如下所述。

①脑力耗费。培训师讲授的内容，往往是自己比较熟知的，特别是一门品牌课程，几乎做到了张口即来，可是学员却是第一次接触，“烧脑”、

费神、“头大”，很是辛苦。

②时间投入。培训师大部分时候会在课前备课和讲授时投入时间，而学员还需要完成阶段性的作业或成果出品，课后还需要转化、“转训”，很是辛苦。

③现场感受。虽然学员大部分时间可以坐着听课，而培训师则是站立授课，可是培训师是可以走动的，学员则不能。有些企业的培训教室里的椅子特别直挺、生硬，一天坐下来腰酸背痛是很普遍的现象，所以，学员更辛苦。

总而言之，培训师更需要感谢学员。何况，“老师是站着的学员，学员是坐着的老师”，教学相长，培训师应该尊重学员，更要感恩、感谢学员。

与本节相关的语感口诀如下所述。

书到临尾渐渐松。
编筐编篓，重在收口。
首尾呼应，呼吁行动。
“道”可顿悟，事须渐修。
设计出精彩，流程保绩效。
老师是站着的学员，学员是坐着的老师。

第二节　总结的方式

总结的万能“套路”是“一梳”“二呼”“三谢”,我们已经了然于胸，那么，总结都有哪些方式可以使用呢？培训师需要做到“心中有数，手上有‘术’”，这样才能“玩转”总结环节。下面，我们分别从培训师和学员的角度来展开阐述总结的方式。

一、培训师总结

总结，对于一次培训活动而言，是“六脉神见”的一个关键环节。对于培训师而言，总结是一个基本能力项。从对培训内容的熟悉程度和总结的效果两个方面来讲，培训师有两种总结的方式：复述、串讲。

（一）复述

复述这种总结方式比较容易实现，简而言之，就是把讲过的核心内容按照培训的先后顺序再捋一遍。培训师可以结合之前的主讲义 PPT、板书进行复述，技术含量相对较低，只是按顺序回顾一遍而已，所以说“复述依顺序”。假如我们对本书的内容进行复述，就可以从第一章开始提炼要点，然后是第二章、第三章、第四章，直至第五章，按照本书的章节顺序从头到尾过一遍即可，其他图书、课程亦是同理。

（二）串讲

串讲,顾名思义,是按照一定的逻辑顺序,将核心内容串起来讲一遍。首先，这就要求培训师对所讲内容足够熟悉，熟能生巧嘛；其次，要确定一定的逻辑，如按时间、流程、因果等来排序，所以说“串讲论逻辑”。假如我们对本书的内容进行串讲,就可以选择从好课程的“三要素”说起，第一，是核心内容、形式，对应的是第三章的知识点；第二，是互动控场，对应的是第四章的内容；第三，是课堂的角色、形象管理，对应的是第二章的内容；第四，是课程的开头、结尾设计，对应的是第一章和第五章的内容。当然，我们也可以选择其他的逻辑对本书的内容进行串讲。假如我们从掌控的逻辑来串讲本书的内容，第一，是自我掌控，对应的是第二章的内容；第二，是他人掌控，对应的是第四章的内容；第三，是内容掌控，对应的是第三章的内容；第四，是流程掌控，对应的是第一章和第五章的内容。

总而言之，串讲，只要能把内容按一定的逻辑顺序串起来就行。网络上有一段学员分享我的串讲视频“5 分钟 TTT 相声式课后总结串讲”，读者朋友可以搜索、观看，感受一下有现场感的培训师串讲的氛围。

二、学员总结

在本章第一节中，我们强调过让学员梳理、总结是首选、是上策。学员总结的方式相对而言很多样化，常见的有 4 种方式：二级评估、思维导图、引导活动、语感口诀复盘。

（一）二级评估

二级评估源自于柯式四级培训评估模型（注：柯式四级培训评估模型将在本章第三节详细阐述），主要是通过让学员答题的方式来倒逼学员回顾、总结此前学习过的知识。当然，这里说的答题形式也是多样化的。

①试卷测试。邀请学员来做试卷，可以是线下书面的试卷，也可以是线上电子的试卷，试题来源于培训师课程设计与开发阶段的测试题库（注：标准课程包“四件套”包含课程大纲、主讲义 PPT、培训行为配置表、

测试题库）。

②试讲、发表。当下的培训活动，绝大多数是可以设计试讲、发表环节的。以 TTT 类课程为例，通常会采用初级培训师试讲、中级培训师说课的形式来总结，课程开发、经验萃取则采用成果发表的形式来总结，以此验证教学效果。

以我目前经历过的培训项目而言，无论是单一的培训课程还是内训师培养项目，基本都会设计试讲、发表、认证等环节，通常采用“2+1”的模式（即两天授课、一天进行试讲和认证），或者是采用“3+1”的模式（即 3 天授课、一天进行试讲和认证），最保守的也会采用“1.5+0.5”的模式（即一天半授课、半天进行试讲和认证）或“2.5+0.5”的模式（即两天半授课、半天进行试讲和认证）。

目前，我个人最长的一次连续单一培训项目是 8 天时间，也就是连续进行一个内训师项目，仍然也是运用的“7+1”的模式（即 7 天授课、一天进行试讲和认证）。

③实操、实做。很多技能类的课程，通常采用上午讲课、下午做（即实操、实做）或上半场讲课、下半场做的形式进行总结环节，这也是典型的总结、沉淀、转化、验证的做法。比如，电力行业，技能类培训有专门、专业的实训场可以进行实操演练；汽车行业，设置了专门的实训基地、精益道场、实训角等进行实操演练；公安系统，有自己独立的警务实战训练基地可以进行实操演练……此外，还有很多企业设置了仿真实验室等供培训学员进行实操演练。

（二）思维导图

对于“培训人”来说，可以用无人不晓来形容大家对思维导图的熟悉程度，很多人的电脑里差不多都会有一款自己习惯使用的思维导图软件。此外，各种各样思维导图的体验班、培训班、认证班也是层出不穷。

1. 思维导图的起源

思维导图的起源和一个名叫东尼·博赞的英国人有关，世界上第一张思维导图便出自他手。

思维导图的来源

思维导图的发明人叫东尼·博赞，英国伦敦人，毕业于美国哥伦比亚大学，他拥有心理学、语言学和数学等多个学位，在大脑训练和记忆方面是超级的专家。他出版了 80 多种图书，并且是世界记忆锦标赛的创始人，他被全世界的学生称为“世界记忆之父”和“记忆大师”。

东尼·博赞小时候成绩虽然好，创造力却很差。他人生第一堂艺术课是美术课，老师却斥责他画的船不好。后来，东尼·博赞学习弹奏钢琴，他自己创作了一首钢琴曲，但老师却说他的钢琴曲非常刺耳。

读大学时，东尼·博赞发现：越是用功学习，记的笔记越多，自己的成绩反而越差。于是，他认为是自己的智力和思维技巧上出了问题。他去图书馆询问图书馆管理员：“请问，在哪里可以找到一本讨论如何使用大脑的书？”但是，图书馆管理员把他带到了医学部。东尼·博赞解释：“我不是想要动大脑手术，我只想知道在哪里可以找到一本如何使用大脑的书？”。图书馆管理员说：“没有这样的书。”东尼·博赞只好悻悻地离开了图书馆。

此后，东尼·博赞学习了心理学、大脑神经生理学、记忆术等知识。他发现大部分伟大的思想家，尤其是达·芬奇，会在笔记中使用图片、代码及连线等。他们信手图画，笔记更具生气。

东尼·博赞经常在大自然中漫步，经常产生丰富的想象并进行漫无边际的思考。他开始意识到：思维和笔记也应该反映大自然。另外，他意识到思维工具必须应用到日常生活的方方面面，必须符合大脑原本的工作模式。于是，他脑海里逐渐浮现出一个像星星一样、简单而又美丽的思维工具。由此，世界上第一张思维导图诞生了！

2. 思维导图的作用

①建立联系：思维导图运用发散的特点，可以将分散且有关联的知识内容连接起来，辅助人们厘清事物之间的关系。

②形成体系：利用思维导图厘清事物间的关系时，将零散的知识内容贯通到一起，可以帮助绘制思维导图者形成系统性的思维。

③提炼要点：思维导图可以使绘制者在倾听他人讲述知识内容时把主要精力集中在关键点上，快速提取知识内容的关键点。

④概念表述：思维导图在提取知识内容的关键点时，实际已经进行了一次关键词细化处理，将知识内容尽量简化且符合上、下层级的逻辑，这可以提升绘制思维导图者自身的逻辑思维能力。

⑤促进思考：思维导图将知识内容以平面展开的形式呈现，可以激发人们对知识内容的思考与联想。

⑥应用广泛：思维导图理论上可以运用到生活和工作的方方面面，可以广泛运用。

3. 思维导图的绘制

思维导图的绘制通常分为传统手绘和软件绘制两种形式，随着互联网及 IT 技术的不断发展，软件绘制方式相比传统手绘方式拥有更容易保存、修改、制作的优点。

关于思维导图的绘制，我推荐一款相对比较好用的软件——XMind，类似的软件有很多，大家根据自己使用的习惯下载、安装后即可使用。

（三）引导活动

通常，在课程总结这个环节运用“复盘组合”这个活动对于培训效果的提升有事半功倍之效。复盘原是围棋术语，本意是对弈者下完一盘棋之后，重新在棋盘上把对弈过程“摆”一遍，看看哪些地方下得好、哪些地方下得不好，以及哪些地方可以有不同的下法甚至是更好的下法等。复盘用在课程总结时，旨在通过让学员复盘学习过的内容，从而查漏补缺、强化记忆、提升效果。“复盘组合”活动的工具通常有 4 个，即沉淀收益、“旋转舞台”、代表分享、大众点评。

①沉淀收益。学员在给定的时间内对所有学习过的内容进行梳理，包含学员讲义、课堂笔记、板书照片、“心动时刻”、思维导图等，最终提炼出 3 个印象最深刻的知识点。

②“旋转舞台”。学员沉淀完收益后，以小组为单位，按照分组团建时的编号，所有学员从每组的 1 号学员到组长轮流登上小舞台分享印象最深刻的 3 个知识点。请注意：分享时要求学员按照“总、分、总”的流程推进。

总：概念先行，先说出 3 个印象最深刻的知识点。

分：过程论证，针对每个知识点展开讲述、论证或“讲、演、练、评”。

总：收在结论，对 3 个印象最深刻的知识点进行收结。

③代表分享，当所有小组完成“旋转舞台”环节后，每个小组内的成员要快速完成 3 件事情：其一，对刚才所有学员的小舞台分享给予反馈，说优点、讲不足、提改善建议；其二，推选产生一名本组代表，登上大舞台，分享印象最深刻的 3 个知识点；其三，请大家帮助本组代表再次梳理内容并彩排即将要分享的内容。紧随其后，根据培训师的安排，登台分享。

④大众点评。大众点评又叫“拍砖”，请其他小组成员针对上台亮相的学员代表分享的内容进行反馈。学员代表分享的内容如果有谬误，

则改之，无则加勉。

至此，一套完整的“复盘组合”进行完毕。实践证明，效果显著。学员自己纵向对比培训开始阶段和当下阶段，同样会有惊喜。不仅如此，按照过往经验，企业的培训组织部门的相关负责人及企业领导也会出现在此时的培训现场，主办方需要他们进行总结陈词、颁奖、肯定激励等活动，当领导们看见了“肉眼可见”的变化时，后续的培训项目也能更好地推进了。

（四）语感口诀复盘

语感口诀复盘这种总结方式是我进行两天及两天以上培训课程时必用的方式。语感口诀复盘的关键是运用语感口诀的技术对所学的知识内容加以提炼，编制成顺口溜，正所谓“简单关键重复讲，直白好记忆传播”，大致的流程是选择字诀、梳理内容、规范书写、小组发表、拍照发群。

①选择字诀。通常，我们根据培训现场各个小组的积分情况来选择输出的形式，主要有三字诀、四字诀、五字诀、七字诀几种形式，有时小组多或小组少，可以增加六字诀、八字诀或合并小组的方式来应对，积分多的小组先选择字诀形式，以此类推。

②梳理内容。先请学员按时间或模块的维度来梳理内容，并明确：其一，条数要求，三字诀、四字诀、五字诀不少于30句，每3个字、4个字、5个字为一句；其二，工整、押韵，要求字数一致、韵律感强，即使做不到每句押韵，也要尽量每4～8句押韵。

触电急救口诀

下面是我在2015年辅导国家电网有限公司某省电力公司时，一位讲授“触电急救”课程内训师的语感口诀复盘内容。

发现有人触了电，断开电源是关键。

首先判定人反应，轻拍脸部叫姓名。

平躺仰卧开气道，心肺复苏有一套。

清口捏鼻手托颈，深吸缓吹口对紧。

手根下压不冲击，突然放手手不离。

手腕略弯压一寸，一秒一次较适宜。

…………

急救方法掌握好，伤者起死回生了。

③规范书写。统一格式，参考板书的设计来书写语感口诀，通常邀请组内书法较好或写字比较好看的学员来执笔。

④小组发表。各个小组配置朗读者、展示者进行内容的发表，还可以设计独特的发表、展示造型。

⑤拍照发群。所有小组发表、展示完毕后，邀请本小组成员或助教统一拍照并把原图发至学员 QQ 群或微信群，以便大家可以随时复盘。

图 5-1 所示的是我在 2017 年 8 月为捷豹路虎某培训中心讲授 TTT 课程时，其中一组优秀的语感口诀复盘作品。

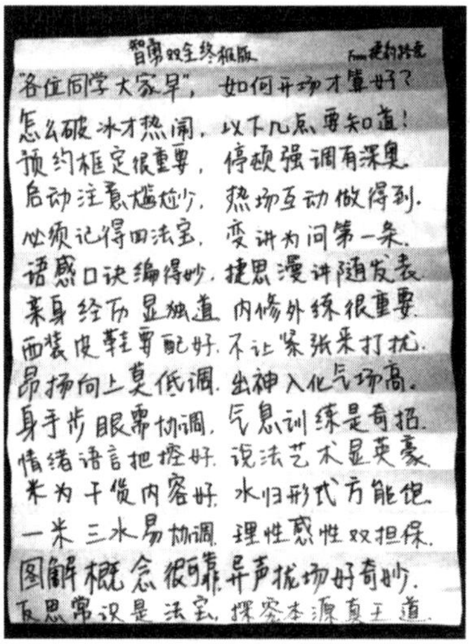
智勇双全终极版　From 捷豹路虎
"各位同学大家早"，如何开场才算好？
怎么破冰才热闹，以下几点要知道！
预约框定很重要，停顿强调有深奥。
启动注意尴尬少，热场互动做得到。
必须记得四法宝，变讲为问第一条。
语感口诀编得妙，捷思漫讲随发表。
亲身经历显独道，内修外练很重要。
西装皮鞋要配好，不让紧张来打扰。
昂扬向上莫低调，出神入化气场高。
身手步眼需协调，气息训练是奇招。
情绪语言把控好，说法艺术显英豪。
米为干货内容好，水归形式方能饱。
一米三水易协调，理性感性双担保。
图解概念很可靠，异声扰场好奇妙。
反思常识是法宝，探究本源真王道。

图 5-1　捷豹路虎培训现场的语感口诀复盘作品

以上，我们分别从培训师和学员的角度阐述了常用的总结方式。但是，“金无足赤，人无完人”，没有哪种总结方式是最好的，只有哪种总结方式是相对适合的。总结的目的是帮助学员温故知新、强化记忆、促进转化，培训师不应被某一种方式或方法局限住。

与本节相关的语感口诀如下所述。

心中有数，手上有“术”。

金无足赤，人无完人。

复述依顺序，串讲论逻辑。

概念先行，过程论证，收在结论。

简单关键重复讲，直白好记忆传播。

第三节　效果评估

“有效训练，助推企业成长”，培训的核心目的是改善绩效，前提则是培训是有效的，否则，就是白白占用了学员的时间。一次培训活动，经过一系列的精心设计和精彩演绎，可谓是步步“精”心，那么，效果到底如何呢？这就需要做主观的、客观的评估和量化。

对于培训效果的评估，培训圈里众说纷纭，评估的方式和工具也是层出不穷。对于企业的内训师而言，比较能有把握使用好的、也是主流评估方式的当属柯式四级培训评估模型。

柯式四级培训评估模型是由美国威斯康星大学的教授唐纳德·L．柯克帕特里克于 1959 年提出的培训评估工具，该工具将培训评估分为 4 个层级，并且 4 个层级之间是层层递进的关系，当从一个级别进入另一个级别时，评估的程序和内容也会变得相对复杂一些。

一、反应层评估

（一）概念解析

反应层评估是柯式四级培训评估模型的第一个层次，即在课程结束时了解学员对培训项目的主观感受或满意程度，包括对培训管理、培训师、培训内容、培训方法和个人收获等方面的评价。

反应层评估易于实施，也是最基本、最普遍的评估方式，受学员主观因素影响较大，如学员会因为对培训师有好感而全给高分或学员对某一个因素不满而全盘否定课程。

（二）核心作用

①检测效果。反应层评估与顾客满意度的评估是一样的，培训要取

得成效，参训学员对培训表现出积极的反应极为重要。通过反应层评估，培训组织者可以了解当次培训活动的整体满意度。

②促进改善。根据学员提出的意见和建议，可以对今后要开展的培训项目做出改进和完善。

（三）评估内容

①针对性：学员对培训方案及培训目标的满意程度。

②新颖性：学员喜欢当次培训活动的程度，对他们有帮助的满意程度。

③专业性：学员对培训师的职业态度、培训内容和培训方式的满意程度。

④舒适性：学员对辅助教学网络、多媒体等设施及场地的满意程度。

（四）常用方法

①问卷调查。对需要评估的内容进行打分排序并配置主、客观问答题。图 5-2 所示为某公司设计的调查问卷——“培训效果评估表”。

②学员座谈。邀请部分学员代表进行交谈，通常是 8 ～ 12 人为一组，在主持人的引导下对整个培训过程进行深入的讨论，听取他们对培训项目的具体反馈。

（五）适用范围

反应层评估通常在一次培训项目进行中或一次培训项目结束时实施。

培训效果评估表

课程名称：______________________________

主讲老师：______________ 培训时间：______________

项目	内容	评分（在相应的选项上打“√”）				满意度（不填）
		十分满意	满意	基本满意	不满意	
课程内容	课程内容符合我的需求					
	课程内容实用性强					
	课程内容清晰明确、易于理解					
	课程内容新颖、独特					
	能结合学员和企业的实际情况					
培训师水平	职业素养和专业经验					
	课堂表达呈现能力					
	营造互动氛围，吸引学员参与					
	关注学员的反应和训练效果					
	现场点评能力和指导能力					
学习收获	对解决工作中的问题有帮助					
	对职业技能的提升有促进					
	对专业知识的积累有补充					
	对自我成长和职业成长有促进					
	团队、部门和组织会因此受益					
组织与服务	课程时间安排合理					
	培训现场工作组织得力					
	服务人员热情，服务周到					
	环境、设施有助于学习效果提升					
	餐点卫生、可口					
总评（不填）						

1. 本次课程中的哪些内容对您帮助最大？

2. 哪些内容您希望听到，但培训师没有讲？哪些内容您希望培训师花更多时间讲？

3. 对本次课程的内容和授课的培训师，您还有什么建议和意见？

4. 对本次培训的组织工作和现场服务，您还有什么建议和意见？

谢谢您的支持和合作！

图 5-2 某公司设计的调查问卷——“培训效果评估表”

为了方便大家的理解，下面，我用一个通俗的比喻来贯穿说明柯式四级培训评估模型中的四级培训评估。

相亲与柯式四级培训评估模型的关联（一）

当今社会，我们身边的大龄“剩男”、大龄“剩女”比比皆是，相亲现象比较普遍，各种相亲类的电视节目和相亲服务机构及红娘也不少。

假如今天有一位男士和一位女士相亲，如何评估这次相亲结果呢？我们可以从以下这几个方面考量。

其一，相亲过程中，双方是否都积极主动投入到交流互动中？是，则未来可期；否，则缘分将尽。

其二，双方是否留下了联系方式，如电话号码、微信号码或其他通信方式？是，则未来可期；否，则缘分将尽。

其三，相亲结束，双方是否就下一次的见面做好预约或提出建议、意见？是，则大概率未来可期；否，则有缘分将尽的可能。

上面的案例虽说只是评估相亲结果，但其说明的道理能应用于反应层评估工作。在反应层评估这个第一级评估环节，假如学员不愿意填写调查问卷或只是敷衍了事地填写了调查问卷，那么，这次培训的效果大概率不会太理想；反之，则皆大欢喜。

二、学习层评估

（一）概念解析

学习层评估是柯式四级培训评估模型的第二级评估，一般在培训结束时进行，比上一级评估——反应层评估复杂一些，也是目前最常见、最常用到的一种评价方式。学习层评估测定参训学员的学习获得程度，评估参训学员对培训内容的掌握程度，了解参训学员对培训课程的学习及掌握状况，测量参训学员对知识、技能等培训内容的理解和掌握程度。

（二）核心作用

①促进学习。在培训结束时进行测评会给学员带来一定的压力，能端正参训学员的学习态度，使学员认真对待培训，更认真地学习。

②促进教学。这种考察方式对培训师也有压力，能提高培训师的责任意识，使他们更负责、更精心地准备课程及认真地授课，以求学员对知识和技能更好地理解和掌握。

（三）评估内容

①学习成果：学员在培训过程中的学习收获。

②学习质量：参与培训后，学员在知识及技能方面的提升程度。

（四）常用方法

①理论考试。由培训师或企业的培训组织者编制测试题，学员采用线下或线上的方式答题，类似于考取驾照的科目一考试。图 5–3 所示的是培训师在设计课程时开发的测试题。

②实操考核。实操考核包括试讲、说课、成果分享及动作实操等，方便企业的培训组织部门或相关领导直观清楚地了解培训效果。

③撰写报告。培训结束后，撰写的报告是学员对于整个培训过程中所学内容进行系统的反思、梳理的文字材料，学员可以思考如何将所学内容应用于工作实际，以获得实质性的能力提升。

“不合格品控制与管理”测试题

（时间：30分钟，总分100分）

姓名：__________　　　　得分：__________

一、判断题（正确打“√”，错误打“×”，每题2分，共10分）

1. 不合格品和不良品不相同。（　　）
2. 产品返工、返修后都是合格品。（　　）
3. 有产品标识的零件就是合格品。（　　）
4. 图纸中没有公差要求的尺寸可以不用测量。（　　）
5. SPR 卡是过程控制卡。（　　）

二、选择题（每题4分，共20分）

1. “三不良”是指__________。
A. 不接收、不传递、不检查
B. 不接收、不制造、不检查
C. 不接收、不制造、不传递
D. 不接收、不传递、不标识
2. 以下哪项不是机加类产品的不合格类型__________。
A. 形状与位置公差　B. 错装
C. 热处理性质　D. 表面粗糙度
3. 以下哪项不是防错方法__________。
A. 测头防错
B. MES防错
C. 照像防错
D. 前后工序互检
4. 产品的规定要求包括：按图纸、按工艺、__________。
A. 按文件　B. 按作业要领书　C. 按标准　D. 按说明书
5. 以下哪项不是区域划分的正确名称__________。
A. 待处理品区
B. 合格品区
C. 待定品区
D. 不合格品区

三、填空题（每空3分，共36分）

1. 不合格品：不满足__________的产品。
2. 不合格品控制与管理的目的：__________、__________。
3. __________、__________、__________、决不允许__________。
4. 不合格品按处置方式不同分为：__________、__________、__________、__________、
5、让步接收品需要填写《__________》才能装车。

四、问答题（共34分）

1. 不合格品管理的流程是什么？（12分）

2. 返工和返修的区别是什么？（10分）

3. 你所在班组的产品有哪些不合格类型，采取了哪些措施？（12分）

图 5–3　“不合格品控制与管理”测试题

（五）适用范围

学习层评估通常在一次培训项目结束后实施。下面，我们还以上个案例的相亲故事为背景阐述相亲与柯式四级培训评估模型的关联。

相亲与柯式四级培训评估模型的关联（二）

故事还是接着上个案例讲述。相亲结束，男士、女士分别回家。通常，父母及亲朋好友们正在焦急地等待二人的相亲结果。此时，假如男士和女士愿意向大家敞开心扉，既愿意分享相亲的客观过程，又愿意表明自己的主观感受，而且特别注重一些细节的描述，那么，这段姻缘值得期待；反之，男士也好，女士也好，如果回家后无论大家怎么问，连相亲

的事情提都不愿意提，结果不言自明。

上面的案例虽说只是评估相亲结果，但其说明的道理能应用于学习层评估工作。在学习层评估这个第二级评估环节，学员如果愿意按照企业培训组织方或培训师的要求撰写学习报告、分享学习心得，那么，此次培训的效果大概率是很棒的；反之，企业培训组织方或培训师就要开始反思了。

三、行为层评估

（一）概念解析

行为层评估是柯式四级培训评估模型的第三级评估，一般在培训结束后 3 ～ 6 个月内进行，考察参训学员是否能将培训所学的知识和技能应用到实际工作中，以及参与培训后的行为是否有变化。这个层级的评估包括上级、下属和同事对参训学员参与培训项目前后行为变化的对比，以及参训学员本人的自评。这个层级的评估通常需要借助于一系列的评估表进行考察，判断参训学员所学知识、技能对实际工作的影响。

（二）核心作用

①便于管理。能直接反映培训的效果，外显性强，便于培训管理。

②获得支持。公司管理层容易看到培训的效果，培训工作更容易获得公司层面的支持。

③促进工作。行为层评估涉及学员的岗位活动，可以促进其工作更具条理性。

（三）评估内容

①行为变化：参与培训项目后，学员行为的改变程度。

②知识应用：参训学员在工作中应用到所学知识的程度。

（四）常用方法

①关键人物法。由参训学员的上级、同级、下级和客户及培训组织部门等从不同角度来评估其变化。

②行为观察法。评估人员就某一项工作的完成情况进行观察记录，以标准格式记录各个工作环节的内容、原因和方法，然后进行分析和归纳，最终就培训效果做出总结性结论，评价参训学员参与培训项目前后的行为变化。

（五）适用范围

行为层评估通常在一次培训项目结束后 3 ～ 6 个月内实施。下面，我们还以上个案例的相亲故事为背景阐述相亲与柯式四级培训评估模型的关联。

相亲与柯式四级培训评估模型的关联（三）

故事还是接着上个案例讲述。距离男、女双方第一次相亲见面已经有一段时间了，在接下来这 3 ～ 6 个月的时间里，随着双方慢慢地熟悉，男士（女士）逐渐了解了女士（男士）的生活和工作情况，时不时地“探班”女士（男士），通过与女士（男士）的同事、朋友、闺蜜（哥们儿）等亲朋好友的接触，了解了女士（男士）的更多信息，得出结论：这位女士（男士）相当靠谱。

上面的案例虽说只是评估相亲结果，但其说明的道理能应用于行为层评估工作。在行为层评估这个第三级评估环节，当评估人员发现参训学员在培训前后工作方式有变化、工作效率有提升，那么，此次培训的效果大概率是很棒的；反之，企业培训组织方或培训师就要开始反思了。

四、绩效层评估

（一）概念解析

绩效层评估是柯式四级培训评估模型的第四级评估，又称结果评估或成果评估，一般在一次培训项目结束半年后进行。这一层级评估的核心问题是评估培训项目是否对企业的经营结果产生影响，即判断一次培训项目能否给企业的经营带来具体而直接的贡献，这一层级的评估已经上升到了组织的高度。绩效层面的评估内容是一个企业组织进行培训的最终目标，也是培训评估 4 个层级评估中最复杂、最困难的评估，因为除了培训活动以外，还有许多其他因素也会影响企业的经营结果。

（二）核心作用

①坚定信心。通过评估参训员工业绩的增长变化，可以打消企业高层对培训效果的疑惑。

②优化培训。绩效层评估的结果可以指导培训项目计划和课程安排，把有限的培训经费用于能为企业创造更多经济效益的培训项目和课程。

（三）评估内容

绩效层评估的内容主要是探究企业或其他类型组织的效益（效率）变化，即企业或组织是否因为培训而提升了效益（效率）。

（四）常用方法

进行绩效层评估是为了更清晰地梳理参训学员（员工）绩效变化与培训之间的相关性，考察出真实的绩效层面的培训效果，通常可以采用绩效评价法与访谈评估法相结合的方式进行。

①绩效评价法。用于评估参训学员行为的改善和绩效的提高。企业要建立系统的绩效考核体系，在这个体系中，要有参训学员参与一次培

训项目前的绩效记录。在一次培训项目结束半年后，对同一名参训学员再次进行绩效考核，结合该参训学员以前的绩效记录，比较得出绩效变化，从而评估培训效果。

②访谈评估法。绩效评估者与参训学员及其上级主管针对绩效考核指标、内容和结果进行沟通访谈，辅助绩效评估的进行。

（五）适用范围

绩效层评估通常在一次培训项目结束后 6 个月后实施。下面，我们还以上个案例的相亲故事为背景阐述相亲与柯式四级培训评估模型的关联。

相亲与柯式四级培训评估模型的关联（四）

故事还是接着上个案例讲述。男士、女士相亲 6 个月后，双方就各自心目中理想的伴侣相关指标进行了前后对比，如果各项指标符合各自的预期，那么，就说明这次相亲就是特别的成功。接下来，双方的感情发展就进入平稳期了，后续就是谈婚论嫁的环节了……

上面的案例虽说只是评估相亲结果，但其说明的道理能应用于绩效层评估工作。在绩效层评估这个第四级评估环节，企业通常会用上“对照组 KPI”这个指标，就某些关键指标进行跟踪、记录、对比，根据数据的变化，确定最终的培训效果。

本节，我们就柯式四级培训评估模型的 4 个层级的培训评估进行了详细阐述。对于企业内训师来说，尽管培训评估的方法很多，但常用、好用、易用的首选还是柯式四级培训评估模型。当然，柯式四级培训评估模型自 1959 年提出至今，已经过去 60 多年了，版本内容也有变化，如果您想了解得更多，可以关注机械工业出版社出版的图书《如何做好培训评估：柯氏四级评估法》，进行深度的学习。

与本节相关的语感口诀如下所述。

有效训练，助推企业成长。

精心设计，精彩演绎，步步“精”心。

第四节　自我精进

"到此已穷千里目，须知才上一层楼"，这句语感口诀的意思是说：讲到这里，该讲的已经讲完了，只有"知道"和"做到"结合起来，才能发挥学习的最大价值。我们常说学以致用，结果学了那么多年，发现很多的"学"还没用上。慢慢地，我们转变了认知，不仅要学以致用，成年人、"职场人"、培训师更要追求"用以致学"，因为需要"用"，所以才去"学"。学习带有明确的目的性，这和成年人的学习特点及 R.M. 加涅的"九大教学事件"高度契合。

在前文和大家分享了太多的理论、模型、方法、工具等内容，写到这里，我们在这一节和大家聊聊培训师自我成长的话题。

一、知行合一

知行合一出自明朝王守仁（即王阳明）的著作《传习录》的上卷："只是个冥行妄作，所以必说个知，方才行得……某今说个知行合一，正是对病的药。"这段话的大意是：认识事物的道理与实行其事是密不可分的。对于培训工作来说，知行合一在其中的分量有多重，应该无须我多言了吧。培训的目的是弥补需求缺口、缩短表现差距、解决实际问题，最终实现组织的绩效提升。只有单纯的纸上谈兵，没有实践的检验，结果就是徒有虚名。当然，在这里谈到的知行合一，我想强调的其实并不是课后培训师督促参训学员的知行合一，而是培训师自己的知行合一。

（一）亲身经历

"师者，所以传道、授业、解惑也"，这也是培训师责无旁贷的职责和使命。但是，请大家注意：学员不仅会学习培训师传授的知识、技能和经验，还会学习培训师的言行举止、接人待物和学习的方法。所以，作为一名专业的、职业的培训师，您在课堂上所讲授的内容应该已经完成了自我验证、知行合一的环节，也就是说：课前，培训师自己先做到了，在课堂上也要以身作则。

以身作则

2017 年 4 月，我开启了 TTT 授权传承之路。在授权弟子班上，我不仅要由浅入深地揭秘课程设计的底层逻辑，还要条分缕析地教授大家每一个知识要点、实操技能，更要率先垂范，针对课程，采用讲、演、练、评、改、定的流程，直至全员过关。其间，我投入了九牛二虎之力，全身心投入，以身作则，给大家做示范。当然，回报也是喜人的，一部分先行者很快登上了正式课堂，得到了受训企业和参训学员的认可。

老话说，“光说不练假把式，光练不说真把式，连说带练全把式”。培训师的“人设”就是“全把式”；否则，“上梁不正下梁歪”的现象可能就会发生了。

（二）“人、课合一”

“有人的地方，你就是培训师”，培训师的角色需要“职业装”，但培训师的角色不是装出来的。培训师不仅要有真才实学，更要自始至终践行课程内容，“人、课合一”。然而，有的时候却会事与愿违。比如，白天在教室培训，晚上在 KTV 团建，培训师在两个不同的场合如何切换角色呢？可能有人会说：“下课了，老师就别‘装’了呗。”但是，我以自己过往 20 年的培训经历告诉大家：事情不是这样的！我国现当代著名诗人卞之琳是徐志摩的学生，他在自己的著作四行诗《断章》里写就：“你站在桥上看风景，看风景的人在楼上看你。明月装饰了你的窗子，你装饰了别人的梦。”卞之琳的这首意蕴丰富而又朦胧的短诗是我国现代文学史上的经典之作，其中蕴涵着深广的哲学象征意义，此处我们借用一下：你在看参训学员的表现，参训学员也在观察你的言行举止。如果培训师在和学员一起进行团建活动时有失态的行为，一旁看到的学员恐怕就会想——“果然白天是教授，晚上是禽兽”，培训师的公信力就会荡然无存。当然，我们在这里只是假设这种情形会发生。不过，像课后培训师衣冠不整、坐姿不雅、污言秽语、插科打诨、挑逗学员等现象也是有的。所以，培训师要做到“人、课合一”，要用道德约束自己，要运用课程中的内容来约束自己。“平时育习惯，用时显风范”，经过 10000 个小时的刻意练习，才能实现“世事洞明皆学问，人情练达即文章”。

二、更新与迭代

关于“知识的保鲜期”这个话题，网络上有很多的讨论，虽然没有办法给每一门学科的保鲜期予以量化，但众多网友达成的共识是：知识的保鲜期越来越短。

代际差异

“樊登读书”里提到一个很有趣的现象：一个“50 后”的父亲，尽管有较高的文化（学历），在观看英文原声电影时，虽然有中文字幕，也会跟不上电影的节奏；而对受过高等教育的“70 后”儿子（女儿）来说，观看英文原声电影那都不是事儿。再者，对于“70 后”乃至“80 后”“90 后”“00 后”而言，他们不仅能毫无障碍地观看全英文电影，还能一边看电影一边轻松愉悦地参与弹幕讨论；而对于“70 后”“80 后”的父辈来说，甚至不知道弹幕是什么东西。

通过上面的案例，我们不难发现这么几个事实。其一，世间万事万物一直在变，人们的需求也在不断地变化、升级。所以，对于培训师而言，“一招鲜吃遍天”已经不可能了。其二，探索新知也是人类永恒的主题。人类的大脑在不断地进化，越来越发达，对于新知识、新技能的探索，从未停止。所以，对于培训师而言，我们的课程也要不断地深入和延展。其三，人类渴望互动的需求一直都在且越来越强烈。人们已经不满足做一个被动接受信息的“观众”，更希望成为一名能参与其中的“编剧”“导演”“演员”和“剧评人”，人们渴望互动。对于培训师而言，不能闭门造车，应当主动探寻需求，要与学员产生链接，要站在学员和企业的立场设计、开发课程。鉴于此，培训师需要不断地打磨、优化、更新、迭代自己的课程。记住，“变在变之先”。培训师应主动迎接“变化”、拥抱“变化”，而不是被“变化”逼不得已才变化。

（一）更新

此处的更新指课程中有些小的变动，但对整个课程的框架结构和核心内容影响不大，通常会以 1.1 版、1.2 版、1.3 版等来命名、表示和记录。

日新月异

以我的课程为例，内容部分的更新是不计其数，小修小补是家常便饭，资源的更新可以说是日新月异。比如，练习话锋一转模块时会使用热点话题，但凡有新的热点话题出现，我马上就会增加素材或做出调整。再如，看到了特别棒的视频素材，我会立刻录屏、下载放在自己的素材资源库中，宁可备而不用，不可用而不备。

（二）迭代

此处的迭代指课程有较大的版本变动，甚至是对原先的内容颠覆，通常会以 1.0 版、2.0 版、3.0 版来命名、表示和记录。

更新往往多于迭代，更新到一定的程度，自然就会带来版本的迭代。

苹果手机的迭代

苹果手机在迭代上给我们培训师上了生动的一课。截至 2023 年 12 月，苹果手机已经发布到了 iPhone15，差不多每年迭代一次。

苹果公司每年 9 月推出新系统。每年 6 月，苹果公司会先把 iOS 新版本亮出来，然后开发者有几个月的时间来提前适应新版本，接着在每年 9 月推出新的 iOS 的正式版本。

苹果公司每年 9 月推出新的手机产品。每年 9 月，苹果公司正式推出当年的新款 iPhone 手机，一款新品的销售高峰期大约在 3 个月左右。每年 12 月正好是美国传统的圣诞节，9 月发布新的手机产品，10 月开售，逐渐铺货，这有利于苹果公司掌控产品节奏。当年的新款 iPhone 手机的首批供货量有限，3 个月之后，供应链的压力缓解，正好可以敞开来卖。

当然，上面案例中电子产品的迭代速度有其特殊性，并不是所有的产品都可以参考的，但至少说明一点——“永远不变的是变化”。那么，各位培训师，您的课程包多久没有迭代了呢？

革故鼎新

我目前讲授次数最多的 3 门版权课程也有不同程度的更新和迭代。比如，“如何设计一堂高效的培训课”，现在是标准版本 2.1；“如何打磨一门经典的课程”，现在是标准版本 3.1；“如何萃取一个最佳的经验”，现在是标准版本 1.0。

三、课程生态

生态系统，指在自然界的一定空间内，生物与环境构成的统一整体，在这个统一整体中，生物与环境之间相互影响、相互制约并在一定时期内处于相对稳定的动态平衡状态。

企业的生态系统或生态产业链，是指围绕企业的核心产品，设计、开发、投资的系列相关产品。下面，我们举一个大家相当熟悉的案例。

一应俱全

小米公司以手机起步，然后围绕手机周边形成 3 个产品圈层来投资和建立生态链企业，全品类生产 AIoT（AIoT 是一个合成词，AI+LOT=AIoT，也就是人工智能——AI 与物联网——LOT）产品。第一圈层是手机周边产品，基于小米公司的手机已经取得的巨大市场影响力和庞大的活跃用户群体，手机周边产品是小米公司有先天优势的第一个圈层，如耳机、音箱、移动电源等。第二圈层是智能硬件产品，小米公司投资孵化了多个领域的智能硬件产品，如空气净化器、净水器、电饭煲等传统“白电”智能化产品，也投资孵化了无人机、机器人等“极客”互融类智能产品。第三圈层是生活耗材类产品，如毛巾、牙刷、旅行箱、跑鞋和背包等。

这就是企业生态系统的魅力所在，用户对着“小爱”发指令，就可以控制家里其他“米家”产品。从用户的角度而言，可以说是“只有想不到，没有办不到”，应有尽有。

小米公司的案例和培训师的自我成长有什么关系呢？有特别大的关系。很多培训师多年只讲授一门几乎没有更新和迭代的课程，这就有很大的问题。我们在前文说过“变在变之先”“唯一的不变就是变化”，无论是学员对象还是知识体系、认知方式都在变化，学员的诉求也不单单是一门课程就能解决的，需要的是系统的解决方案，这就需要培训师设计、开发、整合自己的课程生态系统。

一脉相承

经过20年的学习、沉淀、转化、优化、固化，至2022年5月，我已经建立了自己部分培训产品的生态系统。

内训师培养是我的研究领域，围绕这一领域，我展开了生态系统建设。

第一步，我建立了第一圈层——3门主打课程：TTT讲授技术——“如何设计一堂高效的培训课”、课程开发——“如何打磨一门经典的课程”、经验萃取——“如何萃取一个最佳的经验”；同时，我在国家版权局申请了著作权登记，获得了版权保护。

第二步，我建立了第二圈层——两门具有独特应用场景的课程：“‘六脉神见’——直播培训师线上训练营”“‘试’在人为——行业内训师竞赛辅导三部曲”；同时，我在国家版权局申请了著作权登记，获得了版权保护。

第三步，我建立了第三圈层——两门关键工具课程：“直指人心——专业讲评技巧”“‘导’亦有道——引导式内训师常备引导活动”。

以上虽然列举了7门课程，但我这7门课程不是各自为战的。经过多年的实践和研究，我发现：要想成为一名优秀的培训师，需要各种能力兼备，这就好比要想成为“学霸”、状元就不能偏科一样。于是，我在2020年提出了全能讲师的概念。自此，“全能讲师系列课程”的生态系统日渐完善，通过一次又一次甲方客户、学员用户及竞赛奖项的反馈，佐证了全能讲师的价值所在。如今，我已将全部课程录制成音频、视频课程，在指定的平台供学员学习、复盘，以此来帮助到更多线下课程覆盖不到的培训师及准培训师朋友们。备注：有兴趣的读者朋友可以在千聊平台搜“刘明源 -TTT 导师的直播间”，获取相关的培训知识。

四、融会贯通

“宇宙的尽头是虚无”“数学的尽头是没有数字”，这些看似是调侃、打趣的说法，实则富有哲理，如果大家曾经在网络上看到北大“韦神”的授课板书，或许就能明了这些说法的哲学意义了。那么，学习的尽头是什么呢？有人说是“学会学习”。这个说法特别有道理，从我们呱呱坠地到走进知识学堂再到社会职场，每天都在学习，慢慢地，我们学会了生存、学会了适应、学会了学习。但是，我想说的是：学习的尽头不仅是学会学习，还需要向自己学习。正如王国维在《人间词话》里所说的：“有我之境，以我观物，故物皆著我之色彩。”这句话的意思是：有我之境界，用我的眼光看待事物，所以，万物都带有我的主观色彩。

（一）思想体系

培训师的课程中不乏学习而来的知识、技能及工具、流程、方法等，那么，当培训师达到了融会贯通的境界后，会有自己的思索和考量，此时的培训师需要沉淀、提炼、创新，通过持之以恒的实践、试错、优化，形成自己特有的思想体系，甚至开宗立派都指日可待。正所谓是“集百家之长，成一家之言”。“集百家之长，成一家之言”出自西汉史学家司马迁的《报任安书》，意思是：汲取了众人的长处，贯通变化的脉络，自成一派，成就了独具特色的风格。

自成体系

看过金庸武侠巨著《天龙八部》的读者朋友应该都熟悉其中的故事情节，该书中的高手如云，乔峰算是高手中的高手、大侠中的大侠。因为父母被“误杀”，乔峰从小成为孤儿，被送往少室山下乔三槐夫妇家中抚养；7岁时，经少林寺玄苦大师传授武功，练得一身本领；16岁时，丐帮帮主汪剑通收乔峰为嫡传弟子，泰山大会后，汪剑通传授乔峰打狗棒法，乔峰继任丐帮帮主。乔峰的武功可谓登峰造极，通过将少林内功、降龙十八掌、打狗棒法等武林绝学与自己的天生神力融会贯通，自成体系，一举成名并且超越了授业恩师，赢得了“北乔峰、南慕蓉”的美誉……

（二）独特的风格

“创新从模仿开始”，这是个万能句式，也可以说“成长从模仿开始”“学习从模仿开始”“培训也是从模仿开始”。很多培训师，尤其是企业内训师往往也是从模仿开始进入培训这个行业的。当然，模仿不是长久之道，“不做另一个谁，成就唯一的我”，终究还是需要成为独特的“我”，这就同样需要培训师能将学习所得、所获融会贯通，形成自己独特的风格，自成一派。

活学活用

2013年，我拜在TTT培训泰斗刘子熙老师门下，接受师父系统的培养。可以说，没有师父当年的点拨、引导，我不会有今日的成就。

当年一同拜师的师兄弟、师姐妹有100多人，大家学习的程度、方式、结果也各不相同。时至今日，在众多徒子徒孙中，“活学活用”这个词，师父只给过我，深感荣幸。

我在跟随师父学习之前，已经经历了数百次的登台实战操练，同时也学习了其他前辈们的宝贵经验，这其中，“活学活用”的关键是融合、转化并形成自我风格。

（三）授权，传承

“独乐乐不如众乐乐”“大家好才是真的好”，培训师的成绩来自于学员，培训师的成功也来自于学员的成功。我们在前文分享过我在经营培训机构期间的一次偶发事件改变了我对培训师的认知，自那以后，我下定决心一定要为培训行业输送高质量、职业化的培训师，随后在 2017 年开办了 3 期授权弟子班。无论读者朋友您是商业培训师还是企业内训师，授权和传承就是您的重大使命。有了传承，培训的课程才会有更强大的生命力和影响力。传承需要做好前期准备，至少需要以下所述的“三大准备”——版权登记、行之有效、人格魅力，您做好了吗？

①版权登记。这是基础，要确保信息的严谨、统一、不出错，“复制创绩效，传承不走样”。

②行之有效。这是关键，授权和传承的课程确实能帮助到参训学员，带来显性的变化，甚至原地提升、“暴涨一寸”，这就需要培训师有海量的实战业绩做支撑。

③人格魅力。“本色做人，角色做事”，参训学员学习的不仅仅是培训师课程中的知识、技能等“硬”的“干货”，还有培训师为人处事、接人待物等“软”的技能。所以，培训师在课堂上要正向引导、弘扬正气、传播正能量，人格魅力是培训师最大的影响力。

学无止境，培训师的成长同样没有止境，只有不断地更新和迭代课程、融会贯通所学知识、积极打造生态课程，以及不断地授权、赋能、传承，才能让我们不断地精进。信赖、影响、砥砺、尊崇，愿我们：卓越是方向，成就在路上。

与本节相关的语感口诀如下所述。

变在变之先。

本色做人，角色做事。

原地提升、“暴涨一寸”。

平时育习惯，用时显风范。

卓越是方向，成就在路上。

信赖、影响、砥砺、尊崇。

到此已穷千里目，须知才上一层楼。

弥补需求缺口、缩短表现差距、解决实际问题。

光说不练假把式，光练不说真把式，连说带练全把式。

本章小结

第五章的内容是课程总结，这既是对课程总结技巧的阐述，也是对培训师（内训师）职业的总结，本章给出了大量的实操技巧，作者的真情实感也在其中表露无遗。第一节讲的是总结流程，重点阐述了“一梳”的3个要点、“二呼”的两个实操技巧和“三谢”的3个对象。第二节讲的是总结方式，明确了培训师总结的两个常用策略和学员总结的4种方式。第三节讲的是效果评估，系统地阐述了柯式四级培训评估模型的概念、特点、内容、方法及适用范围。第四节讲的是自我精进，从知行合一、更新与迭代、课程生态、融会贯通4个层面展开了详细的阐述。

参考文献

[1] 刘子熙 .TTT 训的就是你：培训师职业成长手册 [M]. 北京：企业管理出版社，2022.

[2] 中国电力教育协会 . 电力行业企业培训师培训教材 [M]. 北京：中国电力出版社，2021.

[3] 中国南方电网有限责任公司 . 电网企业培训师通用培训教材 [M]. 北京：中国电力出版社，2016.

[4]R M 加涅，W W 韦杰，K C 戈勒斯，J M 凯勒 . 教学设计原理（第五版修订本)[M]. 王小明,等,译 . 上海：华东师范大学出版社，2018.

[5] 莎朗・波曼 .4C 法颠覆培训课堂：65 种反转培训策略 [M]. 杨帝，译 . 北京：电子工业出版社，2015.

[6] 英格里德・本斯 . 引导：团队群策群力的实践指南 [M]. 任伟，译 . 北京：电子工业出版社，2011.

[7] 罗伊・波洛克，安德鲁・杰斐逊，刘美凤 . 培训师的三堂必修课：学习方式、教学设计、工具和清单 [M]. 北京：电子工业出版社，2017.

[8] 唐纳德・L 柯克帕特里克，詹姆斯・D 柯克帕特里克 . 如何做好培训评估：柯式四级评估法（原书第 3 版）[M]. 奚卫华，林祝君，等，译 . 北京：机械工业出版社，2007.

[9] 芭芭拉・明托 . 金字塔原理 [M]. 汪洱，高愉，译 . 海口：南海出版公司，2010.

[10] 樊登 . 可复制的领导力：樊登的 9 堂商业课 [M]. 北京：中信出版社，2018.